Naturalmente, todos queremos llevar una vida feliz y exitosa, y por ende vale la pena investigar cualquier cosa que nos ayude a obtenerla.

— Richard Webster

Por miles de años, la gente en el Lejano Oriente ha usado el feng shui para mejorar su hogar, su vida familiar y vivir en armonía con la naturaleza. Utilizando estas antiguas técnicas, usted podría lograr cambios sutiles en su hogar y a bajo costo que sin duda alguna transformarán su vida. Al aplicar las técnicas del feng shui, disfrutará de una gran alegría, su situación financiera mejorará y su vida sentimental le traerá grandes momentos.

Si va a comprar una casa, aprenda cual debe ser el diseño de la misma: uno o más niveles, escaleras, localización de la puerta principal, etc. Si desea mejorar su vivienda, averigüe de qué manera su actual diseño puede estar creando energía negativa y descubra formas simples para remediar la situación sin el costo de grandes renovaciones o una remodelación. Ponga a trabajar el feng shui en su propia casa ahora mismo y descubra el futuro armonioso que le espera.

El Autor

Richard Webster nació en Nueva Zelanda en 1946, donde aún reside. Viaja cada año alrededor del mundo dando conferencias y conduciendo talleres sobre temas psíquicos. Ha escrito muchos libros, principalmente relacionados con la psíquica, y además escribe mensualmente artículos en revistas.

Richard está casado y tiene tres hijos. Su familia lo apoya en su trabajo, pero su hijo mayor, después de observar la carrera de su padre, decidió convertirse en contador.

Correspondencia al Autor

Para contactar o escribir al autor, o si desea más información sobre este libro, envíe su correspondencia a Llewellyn Worldwide para ser remitida al autor. La casa editora y el autor agradecen su interés y comentarios en la lectura de este libro y sus beneficios obtenidos. Llewellyn Worldwide no garantiza que todas las cartas enviadas serán contestadas, pero si le aseguramos que serán remitidas al autor. Favor escribir a:

Richard Webster
c/o Llewellyn Worldwide
P.O. Box 64383, Dept. K810-9
St. Paul, Minnesota 55164-0383 U.S.A.

Incluya un sobre estampillado con su dirección y $US 1.00 para cubrir costos de correo. Fuera de los Estados Unidos incluya el cupón de correo internacional.

FENG
SHUI

para
la casa

RICHARD
WEBSTER

traducido al idioma Español por
Héctor Ramírez Silva
y Edgar Rojas

2001
Llewellyn Español
St. Paul, Minnesota 55164-0383
U.S.A.

PRIMERA EDICIÓN
quinta impresión, 2001

Edición y coordinación general: Edgar Rojas
Diseño del interior: Pam Keesey y Amy Rost
Diseño de portada: Tom Grewe
Caligrafía: Nakaseko Tamami
Ilustraciones interiores: Carla Shale y Jeannie Ferguson
Título original: *101 Feng Shui Tips for the Home*
Traducción: Héctor Ramírez Silva y Edgar Rojas

Biblioteca del Congreso. Información sobre esta publicación.
Library of Congress Cataloging-in-Publication Data.

Webster, Richard, 1946-
    [101 feng shui tips for the home. Spanish]
    Feng shui para la casa / Richard Webster ; traducido por Héctor Ramírez Silva y Edgar Rojas. -- 1st ed.
        p.   cm.
    Includes bibliographical references and index.
    ISBN 1-56718-810-9 (pbk.)
    1. Feng Shui.   I. Title.
    [BF1779.F4W42   1998]
    113.3'337--dc21
                                98-26964

Llewellyn Español
Una división de Llewellyn Worldwide, Ltd.
P.O. Box 64383, Dept. K810-9
St. Paul, Minnesota 55164-0383 U.S.A.
www.llewellynespanol.com

Dedicación

Para Chuck y Betsy Hickock

Reconocimientos

Me gustaría expresar mi agradecimiento a
T'ai Lau por su ayuda y consejo.

Contenido

Introducción

*Primero aparece el destino y luego la suerte. Después
llega el feng shui, que es seguido por la filantropía y
la educación.*

— Antiguo proverbio chino

Feng shui significa "viento y agua". Hace cinco mil años
los antiguos chinos creían que situar la casa en una localización adecuada conllevaría a una vida llena de felicidad,
abundancia y satisfacción. Por naturaleza, todos queremos llevar una vida exitosa y feliz, y por ende vale la pena
investigar cualquier cosa que nos ayude a obtenerla.

El término "feng shui" es relativamente moderno. Los
vocablos chinos originales para el feng shui fueron *Ham* y
Yu. Ham significa recibir energía de los cielos, mientras Yu
conecta a la tierra con el resto de los cuerpos celestiales.[1]
De este modo, feng shui es un intento de unir el cielo y la
tierra. Nadie sabe exactamente cuándo se inició su práctica. En China tienen una historia encantadora acerca de
dicho origen, que puede o no ser cierta. Wu, el primero de

tres emperadores legendarios de la prehistoria china, estuvo involucrado en trabajos de riegos sobre el río Amarillo. Un día, él y sus trabajadores vieron una gran tortuga saliendo del río. Esto fue considerado un gran presagio, ya que aquellos días creían que Dios vivía dentro de caparazones de tortugas. Sin embargo, esta tortuga fue especialmente de buen augurio, porque las marcas de su armazón formaban un cuadrado perfecto. Wu reunió todos los sabios y estudiaron el extraño fenómeno por mucho tiempo. Finalmente, este cuadrado mágico se convertiría en la base del feng shui, del I Ching y de la astrología y numerología china.

A través de los siglos, el feng shui se desarrolló mediante un proceso de observación y meditación. En los primeros 2500 años de su historia, el feng shui fue en gran parte una evaluación geográfica del entorno. Esto se conoció como la **Escuela de Forma** del feng shui. Luego, con el invento de la brújula, se convirtió mucho más personalizado creando la **Escuela de la Brújula** con base en dicho instrumento. Este avance importante permitió a los practicantes del feng shui escoger la localización correcta de las casas según las fechas de nacimiento de sus habitantes. Hoy día hay muchas variaciones del feng shui, pero pueden ser categorizadas como partes de la Escuela de Forma o de Brújula.

Actualmente somos más conscientes de los efectos del ambiente sobre nosotros. Es importante el uso del feng shui para mejorar el ambiente de nuestra casa, ya que nos permite disfrutar de armonía, equilibrio y éxito en la vida. Estudiando este libro y poniendo en práctica las ideas, usted y los que ama ganarán todos estos beneficios.

1

El Feng shui en el hogar

Una casa debería ser más que sólo un sitio para descansar en la noche. La palabra hogar evoca más imágenes placenteras en nuestra mente que las palabras *casa* o *apartamento*. Cuando retorna del trabajo ¿no se siente bien estando en casa? ¿Empieza a percibir una sensación especial cuando viene en camino? Si es así, ya tiene bastante feng shui positivo en su hogar. En el momento de mudarnos a una nueva casa, la arreglamos de acuerdo a nuestra personalidad. Cada pieza de los muebles tiene su historia. Los cuadros y adornos sobre las paredes reflejan nuestros gustos y actitudes. Los libros de la biblioteca revelan nuestros intereses. Las fotografías enmarcadas nos recuerdan las personas que amamos y hablan de nuestro antepasado y de quiénes son importantes para nosotros. Incluso cuando nos trasladamos temporalmente a una casa por sólo unas pocas semanas, tratamos de lograr un ambiente lo más agradable posible exponiendo objetos personales que nos dan placer.

Por lo tanto, al decorar las casas con tanto armonía y comodidad como posible, la mayoría de la gente usa feng shui intuitivamente sin saberlo. Estoy seguro que usted ha tenido la experiencia de entrar a una habitación y sentir de pronto que todo está perfecto. Sin duda ha tenido también la experiencia de entrar a una habitación y sentir que algo está mal. En el primer caso, el feng shui de la habitación era favorable. En la segunda habitación podrá también experimentar feng shui positivo con sólo unas simples modificaciones.

Ch'i

Los antiguos chinos creían que un dragón verde o un tigre blanco vivía debajo de cada montaña o colina. Donde se juntaban estos dos animales simbólicamente, era el lugar perfecto para una casa. Además creían que el dragón creó el *ch'i* con su respiración. De hecho, ch'i a menudo se refiere al "aliento del dragón".

Ch'i es la fuerza universal, se agrupa cerca del agua que fluye suavemente y se crea cuando algo es hecho perfectamente. Un compositor que compone una hermosa melodía y un poeta escribiendo un soneto están también creando ch'i. Además, crean ch'i un hornero elaborando una estupenda torta o un tenista anotando un as. Para que funcione con efectividad necesitamos la mayor cantidad de ch'i posible en nuestro hogar.

Ch'i puede ser positivo o negativo. Por ejemplo, agua que fluye suavemente crea ch'i positivo, mientras que agua estancada crea un ch'i negativo. Deseamos todo el ch'i positivo posible y eliminar cualquier ch'i negativo. El ch'i necesita ser cultivado y recogido. Fácilmente se riega o se disipa por la acción de vientos o aguas turbulentas. Esta es la razón por la que queremos brisas suaves y arroyos cerca de nuestra casa. Ambos se combinan para crear un ch'i bueno y positivo.

Yin y yang

Ch'i está compuesto de **yin** y **yang**, que son los dos opuestos en el universo. Por ejemplo, noche y día, largo y corto, frente y respaldo, femenino y masculino, son todos ejemplos de yin y yang. Ninguno puede existir sin el otro. Sin la noche no podría haber día y sin negro no podría existir el blanco. Los antiguos nunca trataron de definir el yin y yang, pero se divirtieron coleccionando listas de cosas opuestas.[1]

Yin se representa como negro y yang como blanco. El concepto fue creado hace miles de años cuando los chinos llamabas yin a la parte Norte sombreada de una montaña y yang a la parte Sur soleada.

Como resultado, los antiguos Taoistas usaron el símbolo familiar del yin y yang para representar un complemento. Este símbolo, que se ve como un círculo con dos renacuajos simboliza el universo (Figura 1A). Un renacuajo es negro con un punto blanco y el otro es blanco con un punto negro dentro de él. Los puntos indican que cada yin posee cierta cantidad de yang y cada yang tiene algún grado de yin. Todo en el universo se compone de energías yin y yang que interactúan constantemente entre ellas.

Figura 1A

En nuestro contorno necesitamos el equilibrio del yin y el yang. Si nuestro vecindario es totalmente plano, decimos que es fuertemente yin, si es extremadamente accidentado, es considerado como un acentuado yang. Hace miles de años, las colinas fueron usadas para representar las energías del yang. Hoy día, usualmente miramos hacia las casas vecinas para obtener dicha representación. Es interesante observar que las pagodas fueron originalmente ideadas para crear energía yang (Figura 1B). Actualmente, pagodas en miniatura son a menudo usadas como adorno y para simbolizar dichas energías.

Si su terreno es muy yang, puede aplanar parte de ella para balancear las energías del yin y yang. Incluso, la misma casa esta dividida en áreas yin y yang. El frente de la casa que sirve para recibir visitas es un yang. Entre más hacia adentro esté, más privadas y con mayor yin se convertirán las habitaciones. Esto es porque las alcobas usualmente se sienten mejor si están situadas lejos de la puerta principal.

Figura 1B

Los cinco elementos

En el feng shui usamos los **cinco elementos** tradicionales de la astrología china: madera, fuego, tierra, metal y agua. Los chinos creen que todo en el universo pertenece a uno de estos cinco elementos. Representan las cinco maneras diferentes en las que se manifiesta el ch'i. Su año de nacimiento determina cuál de estos elementos es el más importante para usted. Los elementos para cada año de nacimiento son listados en el Apéndice 1. De hecho, si ha preparado un horóscopo chino, encontrará que tiene la mayoría o todos estos cinco elementos. Un buen astrólogo podrá balancear e interpretar las diferentes proporciones de cada elemento en su horóscopo. Los cinco elementos proceden en una progresión determinada. La madera arde y crea fuego. Después que el fuego se extingue, el resultado es tierra. De la tierra obtenemos metal (oro, plata, etc.); el metal se licúa, lo que simbólicamente produce agua. Finalmente, el agua alimenta creando así la madera (plantas). De este modo, tenemos un círculo de energía que continuamente está alrededor (Figuras 1C).

Los cinco elementos se relacionan también a diferentes formas. El fuego es triangular, la tierra cuadrada, el metal redondo, el agua horizontal y curva y la madera rectangular y vertical. Los arquitectos hacen uso de esto cuando quieren diseñar una edificación para un propósito específico. Una construcción diseñada para tratar proyectos financieros a menudo estará formada con metal.

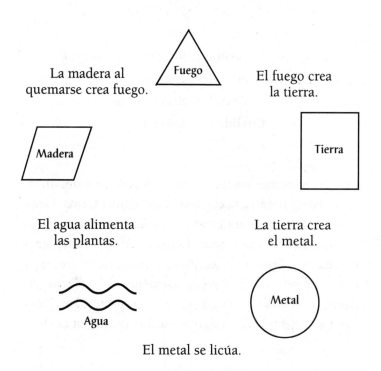

Figura 1C

Madera

Color	Verde
Estación	Primavera
Dirección	Este
Forma	Rectangular y vertical
Animal	Dragón
Virtud	Benevolencia
Cualidad	Lealtad

La madera es creativa. Si este es el elemento predominante en usted, necesitará expresarse de alguna forma, idealmente de una manera creativa. De la madera surgen los otros elementos y representa humanitarismo, fuertes lazos familiares e ideas nuevas. Plantas vivas, flores frescas y objetos verdes denotan este elemento. El edificio del Banco de China en Hong Kong es un espectacular y controversial ejemplo de una construcción basada en madera.

Fuego

Color	Rojo
Estación	Verano
Dirección	Sur
Forma	Triangular
Animal	Fénix
Virtud	Decoro
Cualidad	Razón y lógica

El fuego da entusiasmo y energía. Por consiguiente, el fuego en las personas hace líderes naturales. Se asocia con la fama y buena fortuna. Sin embargo, el fuego no sólo calienta y vigoriza, puede además arder. Las personas con la cantidad de fuego adecuada en su ser, son honestas, consideradas y honorables. Los que poseen demasiado fuego son críticos, habladores y resentidos ante el éxito de los demás. Los candeleros, porta inciensos y objetos rojos representan el elemento fuego. La pirámide que forma la entrada al Louvre es un ejemplo excelente de una estructura basada en el fuego. Está yuxtapuesta al edificio basado en agua de Louvre. Juntos crean un enorme poder y energía que atrae turistas de todas partes del mundo.

Tierra

Color	Amarillo
Estación	Verano indio
Dirección	Centro
Forma	Cuadrado
Animal	Buey
Virtud	Fe
Cualidad	Honestidad

La tierra brinda estabilidad, confiabilidad y sentido común. Se es paciente, honesto, leal, metódico y bien equilibrado. Las personas con este elemento son simpáticas y responsables. Sin embargo, el elemento tierra puede ser además sobreexigente y sin voluntad para hacer cambios o progresar. Los objetos amarillos y algunos artículos hechos de alfarería y cerámica representan el elemento tierra. La mayoría de las casas son cuadradas, lo que significa que se describen como casas base tierra.

Metal

Color	Blanco (y colores metálicos como el oro)
Estación	Otoño
Dirección	Oeste
Forma	Redonda
Animal	Tigre
Virtud	Rectitud
Cualidad	Claridad y pensamiento

El metal es el elemento del éxito en los negocios y finanzas. Representa un pensamiento claro y un firme punto de vista moral. Sin embargo, el metal también puede indicar un cuchillo o espada, que muestran que éste puede además ser violento. Esto se expresa a través de arranques emocionales y carencia de enfoque sobre las cosas.

Campanas de viento y cualquier otra cosa hecha de metal representa este elemento. La cúpula redonda en el tope del Taj Mahal es un buen ejemplo de una edificación basada en metal.

Agua

Color	Negro y azul
Estación	Invierno
Dirección	Norte
Forma	Horizontal y curva
Animal	Tortuga
Virtud	Sabiduría
Cualidad	Persistencia

El agua simboliza conocimiento, sabiduría, comunicación y viajes. El agua puede ser también suave (llovizna) o violenta (huracán). El agua es esencial para la vida y alimenta todas las cosas vivientes. Sin embargo, puede además desgastar la roca más dura.

Una pecera, una fuente decorativa o cualquier otra cosa que sea negra, azul o contenga agua representa este elemento.

Las Casas del Parlamento en Londres son un ejemplo ideal para mostrar una construcción basada en agua.

Shars

Los *shars* son frecuentemente conocidos como "flechas venenosas". Son creados por líneas rectas o ángulos agudos. Un camino que va en línea recta hacia su casa crea un shar (Figura 1D). Un shar similar puede ser causado por el camino que guía a su puerta del frente, cuando éste forma una línea recta.

Las casas cercanas pueden también crear shars. Si la casa de al lado forma un ángulo de 45 grados respecto a la suya, es probable que esté enviando un shar hacia usted (Figura 1E). Las líneas del techo pueden también enviar shars en su dirección.

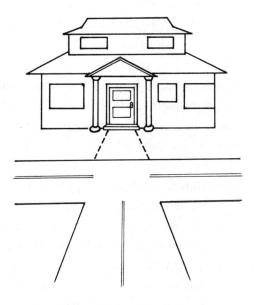

Figura 1D

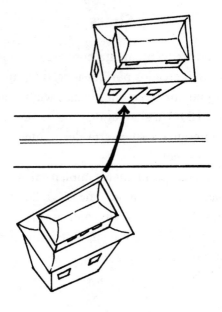

Figura 1E

Afortunadamente, en el feng shui hay un remedio para cada cosa negativa, incluyendo los shars. Si el shar no se puede ver, deja de existir. Por consiguiente, una cerca o un árbol puede usarse para ocultar el shar y efectivamente eliminarlo.

Los espejos también pueden ser usados como remedio. Un espejo circular de aproximadamente 1 o 2 pulgadas de diámetro, centrado en una pieza de madera octagonal es lo ideal. Alrededor del espejo están los ocho triagramas de I Ching (los triagramas se discuten en el siguiente capítulo). Los triagramas son importantes ya que hacen que el espejo sea activo en vez de pasivo. Estos espejos activos son conocidos como espejos pa-kua.

El espejo es situado en el lado de la casa que apunte directamente al shar. Simbólicamente el espejo refleja el shar a su punto de origen. La gente en Hong Kong a menudo tiene "guerra de espejos". Alguien que ve un shar apuntando hacia él colocará un espejo pa-kua para enviarlo de regreso. Su vecino notará el espejo y también colocará uno. Con el tiempo tendrán varios espejos cada uno, enviando sucesivamente el shar de un lado a otro.

Sugerencias

1. Use su intuición cuando tenga que organizar muebles y adornos. Casi siempre hará la elección correcta de acuerdo al feng shui.

2. Trate de tener todos los cinco elementos representados en su casa. Juntos simbolizan un todo y ayudan a crear una sensación de armonía y confort.

3. Sus muebles deben representar tanto el yin (curvos) como el yang (rectos). La combinación de curvas leves y líneas rectas ayudan a crear el equilibrio.

4. Los espejos son útiles para reflejar los shars, pero también reflejan las personas y vistas agradables de afuera. Los espejos deben mantenerse tan limpios como sea posible para ayudar a fluir ch'i libremente.

5. Los candelabros son una forma maravillosa de atraer ch'i a su casa. Los diferentes cristales atraen el ch'i y lo reflejan en todas las direcciones.

6. Cristales y objetos brillantes también reflejan la energía ch'i. Mantenga cualquier superficie reflectiva limpia para aumentar el ch'i.

7. Asegúrese que su casa esté constantemente en la mejor condición posible. Manténgala bien pintada, repare cualquier grifo que tenga escapes y reemplace cualquier bombillo fundido lo más rápido posible. Mantenga limpia las ventanas y sustituya cualquier vidrio roto a agrietado. Esto es porque la salud de su hogar se relaciona directamente con usted y su salud.

2

Evaluando su casa

En este capítulo miraremos dos métodos para evaluar su casa. El primero se conoce como Aspiraciones del Pa-kua, que es un simple y conveniente método que no requiere brújula. Ya que es fácil de ejecutar, pronto se encontrará haciéndolo automáticamente cuando entre a la casa de alguien. El segundo método, conocido como las Nueve Estrellas, es más complicado y requiere de brújula. Toma práctica adecuarse a él, pero lo encontrará extremadamente útil. Vale la pena la pequeña inversión de tiempo y energía para adiestrarse. En la práctica, yo uso los dos métodos.

La forma de su casa

En el feng shui, las casas cuadradas o rectangulares son más deseables que las formas inusuales. Por ejemplo, una casa en forma de L simboliza un cuchillo de cortar carne, que ciertamente no es muy apetecido (Figura 2A). Afortunadamente, hay remedios para cada forma posible. El

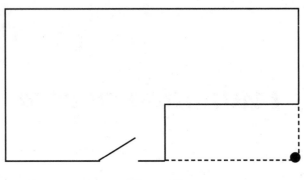

Figura 2A

remedio para una casa en forma de L es situar una lámpara sobre un palo en la esquina del jardín para completarla
simbólicamente y hacerla parecer como rectangular. Otros
remedios son plantar arbustos o levantar paredes bajas
para terminar simbólicamente la casa.

Aspiraciones del pa-kua

El *pa-kua* (pronunciado "par-kwar") es un símbolo de
forma octagonal de la cultura china. Cada lado representa
una dirección y un área importante de la vida. El pa-kua
puede ser situado sobre un plano de su casa o una habitación sencilla, y puede incluso ser usado sobre algo tan
pequeño como un escritorio (Figura 2B).

Por conveniencia el pa-kua es a menudo situado dentro
de un cuadrado de tres por tres. Si su casa es cuadrada o
rectangular, el pa-kua puede ser puesto fácilmente sobre
el (Figura 2C). Si su casa tiene una forma poco usual, el

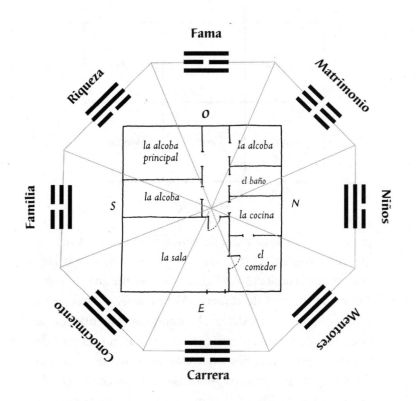

Figura 2B

Riqueza	Fama	Matrimonio
Familia		Niños
Conocimiento	Carrera	Mentores

Figura 2C

pa-kua puede cubrir parte del jardín y de la casa. A menos que sea remediado, esto indica que su vida no está balanceada completamente. La figura 2D muestra una casa que carece de un área de riqueza. Note que el pa-kua se ha estirado para acomodarlo al tamaño rectangular de la casa. Las personas en esta casa encontrarán esta área de sus vidas restringida hasta que este problema sea remediado. La figura 2E muestra una casa que carece de área de fama. La reputación en la comunidad de las personas que viven en este tipo de casas aumentará tan pronto rectifique esta dificultad. Recuerde sin embargo, que inclusive si parte de su casa no está cubierta completamente por el pakua, no está del todo ignorando ese aspecto, ya que el pakua se sitúa sobre cada habitación. El lado del pa-kua que cubre el conocimiento, carrera y dirección se ubica en la parte de su casa en que se encuentra la puerta frontal.

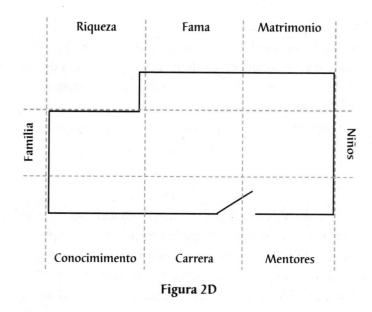

Figura 2D

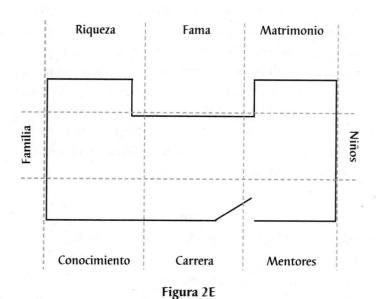

Figura 2E

Para propósitos del feng shui, la puerta frontal es la que usted usa más a menudo, o la entrada principal. Esto significa que si camina desde su puerta frontal y hasta donde pueda diagonalmente a la izquierda, se encontrará en el área de riqueza de su casa.

Cada área de su casa representa una de las siete áreas de la vida.

Riqueza

El área de riqueza naturalmente gobierna el dinero, pero también se relaciona con cualquier cosa que enriquezca su vida. Si necesita más dinero, esta área de su casa puede ser activada estimulando más ch'i en ella. Hay muchas maneras de hacer esto; puede aumentar la cantidad de luz en esta parte de la casa; un espejo, candelero o cristal colgante ayudarán a obtener más ch'i. Ya que agua significa riqueza o abundancia en el feng shui, un acuario o fuente pequeña puede usarse para activar esta área. Los objetos metálicos resultan también beneficiosos. En el Oriente, es común colgar monedas sobre las paredes para que actúen como una afirmación silenciosa que atrae más dinero. Un amigo mío ha incrementado su patrimonio varias veces desde que colocó un juego de té de plata en el área de riqueza de su casa.

Fama

Después del área de riqueza está el área de fama, que representa su reputación en la comunidad. Si desea ser más conocido en el lugar donde vive, necesita activar esta área, que además indica lo que usted realmente es. Todos tenemos metas y sueños, puede estimularlos exponiendo objetos en esta parte de la casa que lo inspirarán a buscar la acción. Aumente el ch'i, por supuesto, incrementando luz en esta parte de la casa. Además puede exponer sus trofeos, premios y fotografías para elevar la calidad de su deseo. También puede colocar objetos que personalmente encuentre atractivos. Use artículos de la más fina calidad que pueda adquirir. En esta área es muy beneficioso un espejo redondo.

Matrimonio

El área del matrimonio se asocia específicamente con relaciones íntimas. Representa usualmente una relación personal, pero usted también puede activarla para estimular los vínculos comerciales. Si está buscando una relación nueva o quiere mejorar la relación actual, necesita activar esta área de su casa. Incremente el ch'i aumentando la cantidad de luz en esta parte de la casa. Exponga las fotografías de la boda y cualquier otro objeto que considere romántico. Una fotografía o pintura de dos amantes caminando cogidos de la mano puede hacer maravillas para esta parte de su vida. Una conocida mía colocó dos candeleros en esta localización de su casa. Después de estar sola ocho años, encontró un nuevo compañero en su vida en menos de dos meses. Ella aún enciende sus velas todas las noches para mantener vivo el amor.

Familia

El área de la familia significa familia en un amplio sentido de la palabra. Incluye todas las personas que ama o son importantes para usted. Esta área es un buen lugar para exponer retratos de la familia, zapatos de bebé y condecoraciones. Los objetos heredados, tales como muebles antiguos o una Biblia de la familia sirven para estimular esta área y contribuir con los sentimientos de continuidad. Sin embargo, es importante que encuentre atractivos estos objetos heredados. Es un mal feng shui exponer artículos que no son de su gusto. El área de la familia se relaciona además con la salud. Si usted, o alguien que quiere, está enfermo, debería activar esta área usando cristales o luz adicional.

Niños

El área de los niños se relaciona principalmente con sus hijos, pero incluye también creatividad. Si desea niños o está teniendo problemas con los suyos, debería activar esta área de su casa. Es además un buen lugar para colocar las fotografías de sus niños y exponer los trabajos que han realizado. En esa área, puede también almacenar juguetes y otros objetos que sean especiales para sus hijos. Este es un buen sitio para las labores creativas. Localizar un escritorio aquí proveería un excelente lugar para trabajar en cualquier cosa que implique creatividad. Un artista que conozco mantiene su sistema de estéreo en esta parte de la casa, aunque él trabaje en el área de fama. Dice que el sonido de la música que viene del área de los niños aumenta su creatividad.

Conocimiento

El área del conocimiento se relaciona con la espiritualidad y el aprendizaje. Es un buen sitio para ubicar bibliotecas, y debería ser activada si usted, o alguien de su familia, está involucrado con algún estudio. Una pintura en esta área que muestre montañas altas y un río o una cascada puede simbolizar su potencial ilimitado. Los objetos de vidrio, especialmente el cristal, sirven para que usted tenga un contacto más cercano con su Yo espiritual.

Carrera

El área de la carrera es un buen sitio para ubicar un oficio del hogar. Debería ser activado si está tratando de progresar en su carrera. Es un buen lugar para una máquina de fax, un computador o cualquier otra cosa que tenga que ver con su carrera. Esta área se puede activar localizando un espejo, campanas de viento y una lámpara para mesa atractiva.

En el Oriente, es común tener afirmaciones, hechas con hermosa caligrafía, sobre las paredes. Estas afirmaciones lucen como obras de arte y recuerdan a los ocupantes hacia dónde van sus carreras. Un hombre que conozco no quiso colgar afirmaciones sobre su pared, pero en lugar de esto mantiene un álbum de fotografías en esta área de su casa. En el álbum se exponen fotos de donde quiere llegar en su carrera. El alimenta su álbum con una serie de ascensos rápidos que ha disfrutado a través del tiempo.

Mentores

El área de mentores se relaciona con las personas que pueden ayudarlo. Si desea atraer a alguien de esta clase en su vida, puede activar esta área colgando un cristal. Para muchas personas los mentores se relacionan con la ayuda espiritual. Por consiguiente, este es un buen sitio para exponer cualquier cosa que tenga que ver con su fe o filosofía en la vida. Esta parte de la casa está relacionada además con viajes. De nuevo, active esta área si tiene el sueño de viajar, especialmente hacia el exterior.

Estas áreas se extienden más allá de la casa indefinidamente. Si quiere ser famoso debería buscar estas cosas en la dirección indicada por la localización del área de fama. Igualmente, la mejor dirección para una escuela o colegio está indicada por el área del conocimiento. Si está buscando una relación nueva, la mejor dirección es la indicada por el matrimonio. Pueden sin embargo surgir confusiones. Debe estar feliz en su trabajo y tener buenos prospectos para el futuro, pero el lugar donde trabaja puede no estar en la dirección indicada por el área de carrera. En este ejemplo, debería salir en la mañana y conducir en la dirección de la carrera cerca de un kilómetro, y luego girar de nuevo hacia el trabajo. Esto significa que simbólicamente está moviéndose en dirección de la carrera. Tengo un amigo que tiene la fortuna de poseer un apartamento con vista el océano. "No puedo establecer una relación", me dijo hace un año. "La dirección de mi matrimonio está sobre el otro lado del océano".

Este no es realmente el caso. Le dije que caminara hacia la orilla del mar, para luego voltear y avanzar en la dirección que él escogiera. Esto significó que simbólicamente comenzó su búsqueda, en la dirección correcta. Seis meses después de hacer esto encontró a alguien, y está comprometido de nuevo.

"Estuve a punto de renunciar", me dijo. "Parecía tonto caminar hacia la playa todas las mañanas, pero con el tiempo se convirtió en un hábito. Estoy feliz con todo esto".

Corotos

En el feng shui, los corotos se deberían evitar siempre que sea posible. Todos coleccionamos y reunimos objetos que no queremos o no necesitamos. Una amiga mía no puede rechazar nada que sea barato o gratis. Por eso, su casa está llena de cosas que no necesita. Alguien más vendió finalmente los viejos muebles que les dieron cuando se casaron.

"Siempre quise deshacerme de ellos", dice ella. "Eran grandes y feos, pero fueron regalados. Nuestra casa se siente mucho mejor ahora que no están".

Los corotos pueden ser también cualquier cosa que no se necesita más. Es bueno deshacerse de lo viejo, pasado de moda, o no deseado, para dejar la habitación lista para algo nuevo o deseable. Muy a menudo mi esposa y yo hacemos una limpieza general de la casa y botamos toda clase de cosas que ya no queremos; aunque tiendo a acumular cosas, siento una gran libertad cuando me libero de lo inservible.

Los corotos en cualquiera de las ocho áreas del pa-kua crean problemas y obstáculos. Por ejemplo, si el área de riqueza de su casa está atestada de objetos indeseados, experimentará sentimientos de negatividad y confusión respecto al dinero. Sería muy difícil conseguir dinero hasta que fuesen removidos dichos corotos.

Los corotos en el área de fama tenderían a indicar que tiene dudas y confusiones acerca de su reputación en la comunidad.

En el área del matrimonio indican un potencial de problemas en sus relaciones. Como mínimo, su relación no se desarrollaría en la forma que usted desea.

En el área del matrimonio pueden ocasionar desacuerdos familiares y un deseo de los miembros de la familia de hacer las cosas por sí mismos.

En el área de los niños crean preocupación e incertidumbre. Pueden afectar la comunicación entre padres e hijos.

En el área del conocimiento hacen difícil aprender y retener lo que ya ha aprendido.

En el área de la carrera indica incertidumbre respecto a la carrera que escogió.

En el área de mentores hace que sea difícil atraer la persona adecuada hacia usted. Sería difícil atraer a alguien, o si lo hace, conseguirá la persona equivocada; se liberará de este problema siempre y cuando los corotos sean removidos.

He estado en casas donde hay corotos por todas partes. Puede imaginarse las dificultades que experimentan estas personas hasta que finalmente logran el control de sus propiedades. Los corotos bloquean el ch'i beneficioso cuando se esparcen por toda la casa. Todo esto es a menudo a causa de la inseguridad de las personas o temores de desprenderse de algo. Conocí una señora que no botaba el periódico que recibía diariamente, ya habiéndolo leído. Cuando murió, su garaje estaba lleno de periódicos viejos y deteriorados, mientras su carro lujoso permanecía fuera.

El centro de la buena suerte

Podría estar preguntándose es lo que indica el centro del pa-kua. Esta área es conocida con diferentes nombres. En el Oriente, usualmente se refiere al sector de la buena suerte. Sin embargo, se conoce también como el centro espiritual, centro del alma, centro del ch'i y area de la felicidad.

El centro de su casa necesita ser cuidado. Si se cuida bien, atraerá buena fortuna y suerte a su vida, además de experimentar crecimiento espiritual.

Es a menudo posible colgar un candelero o cristal en esta área de la casa. Cualquiera de estas atractivas instalaciones luminosas será suficiente. Esto atrae ch'i beneficioso y lo refleja a las otras partes de la casa. Si no puede localizar un candelero en esta posición, active esta área de alguna manera. Se disfrutará contemplando su perspicacia y crecimiento personal.

Un ventilador de techo en esta área ayuda a que el ch'i esté fluyendo hacia todos los sectores de la vivienda.

Habitaciones individuales

El pa-kua puede ser localizado sobre habitaciones individuales análogamente a como se hace en toda la casa. Sitúe la parte del fondo del pa-kua en la entrada de la habitación y luego observe las ocho áreas. Puede encontrar, por ejemplo, que su cama está localizada en el área de la carrera. Esto puede no ser un problema, pero es probable que sea contradictorio en el caso, por ejemplo, que esté deseando formar una familia.

Mire si hay corotos en cada área del cuarto. Un amigo mío tiene una casa ordenada, pero no progresaba financieramente. Pude encontrar señales de corotos en la vivienda, que estaban bien balanceados desde el punto de vista del feng shui. Estuve confundido por algún tiempo, hasta que su esposa mencionó que cuando él se desvestía para ir a la cama, simplemente arrojaba toda su ropa al piso en el área de riqueza, donde permanecía hasta la mañana. Tan pronto como empezó a colocar su ropa sucia en la lavadora y a colgar el resto adecuadamente antes de acostarse, su situación económica mejoró. En efecto, el área de riqueza de su alcoba era atestada ocho horas cada día, impidiendo así su progreso.

Direcciones y elementos

Cada uno de los ocho lados del pa-kua indican una dirección y un elemento. La necesidad de una dirección puede sonar extraño si considera que el pa-kua es localizado de acuerdo a la posición de la puerta frontal, que podría teóricamente estar apuntando hacia cualquiera de las ocho direcciones. Las coordenadas de la brújula no se usan al desarrollar las aspiraciones del pa-kua. Sin embargo son usadas dentro de la casa para determinar las mejores habitaciones para los diferentes miembros de la familia.

Sur	Fama	Fuego	Hija adulta
Suroeste	Matrimonio	Tierra	Madre
Oeste	Niños	Metal	Hija menor
Noroeste	Mentores	Metal	Padre
Norte	Carrera	Agua	Hijo adulto
Noreste	Conocimiento	Tierra	Hijo menor
Este	Familia	Madera	Hijo mayor
Sureste	Riqueza	Madera	Hija mayor

Hoy día, términos tradicionales de la familia no son siempre apropiados. Sin embargo, la dirección suroeste, que es perfecta para la madre, podría actualmente representar una mujer de mayor edad. Igualmente, el hijo adulto podría representar cualquier hombre joven, y la hija mayor indicar cualquier mujer madura que vivió en la casa.

Estas direcciones son determinadas usando una brújula en la puerta o entrada de las diferentes habitaciones. Una habitación que tenga la puerta abriendo al noreste sería muy buena para un muchacho joven o tal vez el hijo menor.

En el Oriente, las casas son a menudo diseñadas con su frente mirando hacia el sur para atraer la máxima luz solar posible. Esto significa que las direcciones mencionadas atrás también determinan las mejores áreas de la casa para diferentes actividades. Por ejemplo, el sureste es el sitio ideal para un estudio o una oficina, ya que este es el sector de la riqueza. El sur es también un buen lugar para un estudio, oficina o salón de trabajo, ya que es el área de fama. Las hijas de la familia deberían usar habitaciones en el suroeste, pues esta área se relaciona con el matrimonio. Los hijos jóvenes deberían usar las habitaciones en el oeste, ya que este sector se relaciona con ellos. Es recomendable que los hijos mayores usen habitaciones en el noroeste para atraer mentores que pueden brindarles ayuda. Los hijos adolescentes deben usar habitaciones en el norte para que puedan enfocarse bien hacia sus respectivas carreras. El este es una buena dirección para la alcoba maestra, pues este es el área de la familia.

En el feng shui tradicional, las casas siempre han apuntado hacia el sur, al igual que la puerta frontal y las habitaciones más importantes. La cocina normalmente se ha dirigido hacia el este, y las habitaciones de los miembros de la familia con mayor edad se han direccionado hacia el sureste.

El método de los ocho triagramas

Este método hace también uso del pa-kua. Los ocho triagramas vienen del I Ching1 y cada uno se relaciona con una dirección diferente. Este procedimiento es frecuentemente conocido como las Nueve Estrellas y es nombrado según la Osa Mayor inicando la Estrella del Norte en el hemisferio norte. El Osa Mayor consiste de sólo siete estrellas, pero los antiguos chinos agregaron dos estrellas imaginarias y simbólicas para señalar presagios buenos y malos.

Los ocho triagramas son hechos con base en tres líneas que pueden ser continuas o fraccionadas. Hay ocho combinaciones posibles, una para cada dirección del pa-kua octagonal.

Los triagramas individuales

Chien—Lo creativo

Dirección	Noroeste
Símbolo	Cielo
Palabra Clave	Fortaleza
Elemento	Cielo

Chien consiste de tres líneas continuas que se conocen como líneas yang. Chien se relaciona con la cabeza de la familia, que usualmente es el padre, y las habitaciones que más probablemente ha de ocupar, esto es, el estudio o la alcoba principal. Chien representa energía, determinación y persistencia.

K'un—Lo receptivo

Dirección	Suroeste
Símbolo	Tierra
Palabra Clave	Obediencia
Elemento	Tierra

K'un consiste de tres líneas fraccionadas (conocidas como líneas yin), y representan las cualidades maternales. Usualmente representan la madre y las habitaciones que más probablemente ha de ocupar, esto es, la cocina y el cuarto de costura. K'un simboliza relaciones estrechas, particularmente la existente entre marido y mujer.

Chen—El despertar

Dirección   Este
Símbolo   Trueno
Palabra Clave   Progreso
Elemento   Madera

Chen está compuesto de dos líneas fraccionadas (yin) encima de una línea continua (yang). Representa el hijo mayor. Mientras la dirección del Chen sea el este, se tiene una buena posición para la habitación del hijo mayor. Chen se relaciona con la capacidad de decisión y el progreso.

Sun—Lo amable

Dirección   Sureste
Símbolo   Viento
Palabra Clave   Penetración
Elemento   Madera

El Sun consiste de dos líneas yang (continuas) sobre una yin (fraccionada). Se relaciona con la hija mayor. Por consiguiente, su alcoba debería estar localizada en la parte sureste de la casa. Tiene que ver con la integridad, percepción y fortaleza interior.

K'an—Lo abismal

Dirección Norte
Símbolo Agua
Palabra Clave Atadura
Elemento Agua

K'an se compone de una línea yang entre dos líneas yin.
Se relaciona con el hijo de edad intermedia. Su habitación
estaría idealmente en el lado norte de la casa. K'an representa ambición, empuje y trabajo duro.

Li—El alferro

Dirección Sur
Símbolo Fuego
Palabra Clave Magnificencia
Elemento Fuego

Li consiste de una línea yin entre dos líneas yang. Se relaciona con la hija intermedia. Su alcoba debería estar localizada en la parte sur de la casa. Li representa felicidad,
risa, belleza y calidez.

Ken—Mantenerse estático

Dirección	Noreste
Símbolo	Montaña
Palabra Clave	Pausa
Elemento	Tierra

Ken está compuesto de dos líneas yin debajo de una línea yang. Se relaciona con el hijo menor. Su alcoba debería estar en la parte noreste de la casa. Ken representa estabilidad y consolidación.

Tui—Lo alegre

Dirección	Oeste
Símbolo	Boca
Palabra Clave	Alegría
Elemento	Lago

Tui consiste de dos líneas yang debajo de una línea yin. Se relaciona con la hija menor. Su habitación debería estar en la parte oeste de la casa. Tui representa placer, alegría y satisfacción.

Triagramas personales

Su triagrama personal se basa en el año de su nacimiento. Puede buscarlo en el Apéndice 2.

Su casa también tiene un triagrama personal dependiendo de la dirección a que apunta la parte trasera de ella. En feng shui, esta dirección se conoce como el lugar donde se sitúa la parte trasera. Por ejemplo, una casa Tui apunta hacia el este, luego su parte trasera se ubica al oeste.

Nombre	Posición trasera	Dirección del frente
Li	Sur	Norte
K'un	Suroeste	Noreste
Tui	Oeste	Este
Chien	Noroeste	Sureste
K'an	Norte	Sur
Ken	Noreste	Suroeste
Chen	Este	Oeste
Sun	Sureste	Noroeste

La casa perfecta para usted es donde el triagrama de dicha casa sea el mismo triagrama personal suyo. Afortunadamente, las ocho casas pueden ser divididas en dos grupos, cuatro del este y cuatro del oeste. Las casas del este son Li, K'an, Chen y Sun; mientras que las del oeste son Chien, K'un, Ken y Tui. Cada una de ellas forma un agrupamiento armonioso con base en el ciclo de los elementos. Las Cuatro Casas del Este están compuestas de fuego, agua y elementos de madera, y las Cuatro del Oeste pertenecen a elementos de tierra y metal.

Probablemente encontrará comodidad y felicidad en una casa que pertenezca a su mismo grupo. Por ejemplo, si usted es un Li, estaría feliz viviendo en cualquiera de las Cuatro Casas del Este. También estaría dichoso de habitar en una casa donde la puerta principal se dirija el este. Igualmente, si pertenece a las Cuatro Casas del Oeste, estaría feliz viviendo en una que tenga su puerta principal dirigiéndose al oeste. Una dificultad podría surgir en este momento. ¿Qué sucedería si usted pertenece, por ejemplo, a las Cuatro Casas del Este, pero su pareja pertenece al grupo oeste? En el pasado, el triagrama del hombre de la casa era siempre el factor determinante, actualmente es por lo general el triagrama del principal sostenedor de la familia. Las habitaciones individuales son arregladas de acuerdo al triagrama de la persona que más las usa.

Siempre se ha considerado de muy buena suerte, que marido y mujer compartan el mismo grupo de casas. Esto significa que las mismas direcciones y posiciones serán de beneficio para los dos.

Direcciones positivas y negativas

En todas las casas hay cuatro direcciones positivas y cuatro negativas. Se determinan de acuerdo a la orientación de la vivienda. Por ejemplo, en una casa Chien, noroeste, noreste, suroeste y oeste son consideradas direcciones positivas, mientras sur, sureste, norte y este representan direcciones negativas. Las direcciones para cada tipo de casa son mostradas en la figura 2F. Cada dirección se refiere a un área diferente de la vida.

Casa	Chien	K'un	Ken	Tui	Li	K'an	Chen	Sun
Dirección del frente	NO	SO	NE	O	S	N	E	SE
Direcciones Positivas								
1. Principal	NO	SO	NE	O	S	N	E	SE
2. Salud	NE	O	NO	SO	SE	E	N	S
3. Longevidad	SO	NO	O	NE	N	S	SE	E
4. Prosperidad	W	NE	SO	NO	E	SE	S	N
Direcciones Negativas								
5. Muerte	S	N	SE	E	NO	SO	O	NE
6. Desastre	SE	E	S	N	NE	O	SO	NO
7. Seis Shars	N	S	E	SE	SO	NO	NE	O
8. Cinco Fantasmas	E	SE	N	S	O	NE	NO	SO

Figura 2F

Localización principal

El sector principal es muy bueno. Está siempre en la misma dirección en que está situada la casa. A veces se conoce como *Fu Wei* que significa "buena vida". Esta área siempre está situada en la parte trasera de la casa y es un buen lugar para ubicar las alcobas.

Localización de la salud

Esta es un área buena para proveer energía y salud. Es un sitio excelente para la alcoba principal y el comedor. Este sector debería ser estimulado para ayudar a alguien que no goce de buena salud.

Localización de la longevidad

Este espacio provee paz, armonía y buena salud. Debería ser estimulada cuando la vida familiar no es la mejor. Puede eliminar discordias maritales y problemas familiares.

Localización de la prosperidad

Es el área más positiva en la casa. Representa progreso, éxito financiero, entusiasmo y vitalidad. Este sector es ideal para la puerta frontal, la puerta de la cocina, el estudio o una oficina familiar. La localización de la prosperidad a menudo se conoce como Sheng Chi, que significa "generando buen ch'i". La dirección indicada por este espacio es su coordenada de mayor fortuna. Si puede orientar las cosas más importantes de su vida en esta dirección, evitando shars, su éxito será asegurado. Puede estimular esta área ubicando el sitio de su cama en esta orientación, y saliendo a trabajar en dicho sentido.

Localización de la muerte

Se relaciona con accidentes, enfermedades y otras desgracias. Es un buen lugar para ubicar el sanitario (de hecho, todas las direcciones negativas son buenos sitios para el sanitario, pues aquí es donde el ch'i malo es desechado). Este es el peor sector de la casa, así que su puerta frontal no debería apuntar en esta dirección.

Localización del desastre

Se relaciona con disputas, problemas legales y discusiones. Es un buen sitio para cuartos de almacenamiento, para la despensa y el sanitario. Su cama no debería estar alineada en esta dirección.

Localización de los seis shars

Se relaciona con la pérdida de reputación y dinero. Es un buen lugar para la cocina o el sanitario.

Localización de los cinco fantasmas

Esta relacionada con el fuego, robo, y problemas económicos. Si su puerta frontal apunta en esta dirección, probablemente se enfrentará a robos o al fuego. Este es un buen lugar para cuartos de almacenamiento o sanitarios.

Para determinar las áreas exactas de su casa que se relacionan con estas localizaciones, usted necesita sobreponer un pa-kua sobre un plano del piso de su casa. Puede usar la forma octagonal o una versión cuadrada o rectangular. Si su casa tiene una forma inusual, tendrá que usar dos o tres pa-kuas para cubrir completamente la casa. Si está utilizando la versión octagonal, la posición central del pa-kua es localizada sobre el área de la buena suerte en el centro de la casa.

Imagine que vive en la casa representada en la figura 2G. Esta es una vivienda Chen, que apunta el oeste y se ubica al este. Para facilitar la explicación, usaremos un pakua de forma cuadrada que se ajusta al plano del piso de la casa (Figura 2H). Esto significa que las cuatro direcciones positivas son: principal en el este, salud en el norte, longevidad en el sureste y prosperidad en el sur.

Naturalmente, también hay cuatro direcciones negativas: la muerte en el oeste, desastre en el suroeste, los seis shars en el noreste y los cinco fantasmas en el noroeste. Ahora que tenemos esta información, podemos interpre-

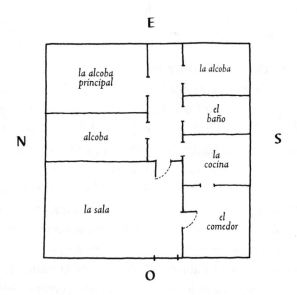

Figura 2G

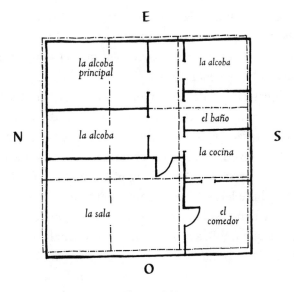

Figura 2H

tar los resultados. Usualmente yo empiezo con la dirección principal, ya que siempre es la misma orientación en que se ubica la casa. En esta casa, la dirección principal está en el este y ocupa parte tanto de la alcoba maestra como del vestíbulo. Esta localización es perfecta para las alcobas. La localización principal es también llamada Fu Wei (significa "buena vida"), y es prometedora para la alcoba maestra. En el Oriente, creen que si su dormitorio está localizado aquí, tendrá más descendientes masculinos que femeninos. Esto es bueno si desea un hijo. Sin embargo, si quiere una hija, tendrá que colocar algunos objetos de niña sobre su tocador.

La localización de la salud se ubica al norte en esta casa. Esta área es considerada buena para el dormitorio principal y el comedor. No tenemos ninguno de los dos en la localización de la salud de esta casa, pero la segunda alcoba está aquí, que es también aceptable. Este es el sector de vitalidad y buena salud, así que el ocupante de dicha alcoba se beneficiará.

La localización de longevidad está en el sureste. Esta área la ocupan la tercera alcoba y la mitad del cuarto de baño. Este sector es el ideal para las personas de mayor edad que viven en al casa. En la China este espacio es conocido como *Nien Yi*, que significa "una larga vida con muchos herederos". No es conveniente que la mitad del cuarto de baño esté ubicada en la localización de la longevidad ya que implica que algunos de los beneficios de este espacio están siendo drenados en el sanitario. Un espejo grande en la pared que divide estas dos habitaciones sería un buen remedio para solucionar este problema.

La localización de la prosperidad está en el sur e incluye la cocina y la mitad del cuarto de baño. Esta dirección es usualmente la más propicia de toda la casa. Desafortunadamente, el agua es drenada tanto en la cocina como en el baño, haciendo este el peor lugar posible para dichas habitaciones. La localización de la prosperidad es conocida en China como Sheng Chi ("generando buen ch'i"), ya que este sector representa progreso, éxito financiero y vitalidad. Estas dos habitaciones necesitarían un número de remedios para contrarrestar los aspectos negativos del baño y la cocina. Lo más importante sería asegurar que ninguna de las tuberías que drenan el agua estén visibles. Colgar un cristal en ambas habitaciones estimularía el ch'i a fluir hacia arriba y lejos de las tuberías de desagüe. Las dos habitaciones deben ser decoradas con colores positivos y alegres para que el ch'i llegue y permanezca por un tiempo.

La localización de la muerte obviamente posee un mal nombre, y es la primera de las localizaciones negativas que están presentes en cada casa. En China esta área es conocida como **Chueh Ming** ("catástrofe total") y se relaciona con accidentes, enfermedades y otros males. Este es el sitio perfecto para el sanitario.

Desafortunadamente, en esta casa la localización de la muerte ocupa la mitad de la sala que incluye la puerta frontal. Este es el peor lugar posible para dicha puerta, porque representa mala salud y pérdida de dinero y reputación.

El asunto se hace más difícil, por que la otra mitad de la sala se ubica al noroeste, que es la localización de los cinco fantasmas. Esto se relaciona con fuego, robos y problemas económicos. Por consiguiente, el comedor en esta casa necesitará un número de remedios para proteger sus ocupantes.

La puerta frontal necesitaría estar bien iluminada y aparecer atractiva para los visitantes. Los asientos usados por los ocupantes idealmente deberían estar en la parte de la sala que se relaciona con la localización de la salud, para así asegurar vitalidad.

La localización del desastre está en el suroeste. Dicha área se relaciona con peleas, desacuerdos e ira. Desafortunadamente, el comedor está ubicado en este sitio. Un candelabro u otra forma de iluminación se necesitaría en esta habitación para evitar disputas cuando se reciben invitados.

La localización de los seis shars se relacionan con escándalo, demoras y pérdidas. Por consiguiente, la cama debería idealmente estar situada en la parte de la habitación que esté cubierta por la localización principal.

He escogido deliberadamente esta casa en particular ya que muchas de las áreas positivas se encuentran en localizaciones negativas y viceversa. Ninguna casa es perfecta, y probablemente encontrará que una o dos áreas de la suya están en localizaciones equivocadas. No hay necesidad de alarmarse por esto, simplemente haga los cambios necesarios y encontrará una vida más placentera. (El capítulo once contiene todos los remedios del feng shui que necesitará para cualquier área problema.)

Como puede ver, las aspiraciones del pa-kua y los ocho triagramas nos dan una buena imagen de toda la casa. Sin embargo, no nos ofrecen toda la información que necesitamos para proveer una imagen completa. Para hacerlo, tenemos que mirar la puerta frontal y cada una de las habitaciones. Trataremos eso en el siguiente capítulo.

Sugerencias

8. Evite los corotos. Esfuércese firmemente en botar cualquier cosa que no esté usando, no la almacene.

9. Estimule su progreso activando su casa con el uso de las áreas indicadas por las aspiraciones del pa-kua.

10. Las casas de un sólo nivel producen más ch'i que las de más niveles. Las casas de más de un piso también confunden el ch'i que viene de la puerta del frente, ya que éste no sabe si dirigirse arriba o abajo. También se cree que si la sala está sobre un nivel más alto que el del comedor y la cocina, todo el ch'i bueno saldrá de la

casa, junto con sus visitantes. Las alcobas, y salas de recreación tampoco deberían estar sobre un nivel superior al del comedor. Finalmente, es considerado negativo entrar a una casa a su nivel superior y luego bajar las escaleras hacia el resto de la casa. Esto es debido a que ir hacia abajo significa pérdida de estatus.

11. La casa debe apuntar hacia el sur.

12. La puerta del frente debería mirar hacia el sur.

13. Las cocinas deberían apuntar al este.

14. Las alcobas no deberían abrir directamente a la cocina.

15. La razón entre ventanas y puertas no debe ser mayor de tres a uno.

16. Deben evitarse los vestíbulos largos y rectos.

17. No tenga más de dos puertas alineadas.

18. Las casas de un sólo nivel son mejores que las de más de un nivel.

19. Deberían evitarse las escaleras en espiral.

3

La Puerta principal

Su puerta principal lo representa a usted y está en relación con su dirección en la vida. Normalmente entramos y salimos por nuestra puerta frontal sin notar nada raro. Puede ser un ejercicio interesante entrar a la casa y conscientemente tratar de ver todas las cosas que un extraño notaría en una visita. Idealmente, deseamos que la entrada y la puerta del frente brinden alegría y bienvenida. Por consiguiente, la pintura desgastada en la puerta frontal, una campana que no funciona y una puerta que se atasca crean feng shui negativo. Abundancia de luz, plantas florecientes y una entrada sin corotos crean feng shui bueno. La puerta del frente es de suprema importancia en el feng shui, ya que es la localización principal por donde el ch'i entra a la casa. En el feng shui queremos que esta puerta sea un poco más grande que la puerta trasera. Esto se hace para asegurar que todo el ch'i beneficioso no entre por la puerta frontal y salga inmediatamente por la trasera.

La puerta del frente debería estar en proporción al tamaño de la casa. Si es muy grande, permite que escape ch'i valuable, se cree que esto causa problemas financieros. Si la puerta es demasiado pequeña respecto a la casa, la cantidad del ch'i capaz de entrar es restringida (Figura 3A). En el pasado, se usaron grandes puertas en los castillos, iglesias y edificios públicos. Eran diseñados para intimidar a cualquiera que entrara en ellos. Es de suponer que usted no quiere hacer esto a sus invitados, ni tener problemas financieros.

Lo opuesto sucede si su puerta es muy pequeña, pues no sólo restringe la cantidad de ch'i que puede entrar, sino que tiende a poner nerviosos y apáticos a los ocupantes de la casa.

La puerta frontal es la que se usa más frecuentemente en su vivienda. Si siempre entra y sale de su casa por una puerta diferente a la del frente, dicha puerta se convierte en la principal, es decir, su puerta frontal.

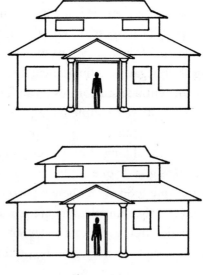

Figura 3A

Esta puerta debería idealmente estar al lado izquierdo de la casa mirando de adentro hacia afuera. Obviamente, usted no tiene control sobre esto si aún está viviendo en su actual casa, pero si lo debe tener en cuenta la próxima vez que cambie de vivienda. El dragón mira al lado izquierdo de su casa, por eso debe atraer su energía y ch'i situando la puerta frontal a este mismo lado. Es mejor situar la puerta en la parte central que en el lado derecho. Tradicionalmente, debería ubicarse al lado este o sur de la casa. Esto significa que usted recibirá calor del sol de la mañana cuando salga a trabajar. Por consiguiente, comenzará un día con mejor humor que el obtenido si su puerta frontal estuviera ubicada al oeste o al norte.

No deseamos shars que afecten la puerta del frente. Este es el aspecto más importante del feng shui. La entrada frontal debe ser protegida. El peor shar de todos ocurre cuando la casa se localiza en un cruce en "T", con una calle apuntando directamente a su puerta principal.

El camino que lleva a esta puerta puede también crear un shar si avanza en línea recta.

Un sólo árbol puede crear un shar, particularmente en invierno, cuando las ramas pueden mirar directamente a la puerta frontal.

Afortunadamente, hay remedios para todos estos casos. La calle puede hacerse desaparecer simbólicamente plantando un seto o construyendo un cerco, para que dicha calle no sea visible.

El camino puede ser curvado levemente, o tal vez moverse un poco para que forme un ángulo recto justo antes de la puerta principal.

Pueden plantarse árboles adicionales para remover los efectos negativos que produce un sólo árbol. Lo mejor sería que estén siempre verdes. Alternativamente, pueden colocarse dos lámparas sobre postes, una en cada lado del camino de entrada entre el árbol y la puerta frontal. Esto crea una formación triangular, con su punta dirigida lejos de su puerta principal (Figura 3B). Si no pueden usarse ninguno de estos remedios, un espejo pa-kua localizado por encima de la puerta del frente serviría para eliminar el daño proveniente de los shars. Un espejo pa-kua captura simbólicamente el shar y lo refleja al sitio donde se originó. El camino de entrada del carro que se considera parte del frente de su casa, debe ser igual de ancho desde donde se origina hasta donde finaliza. Una lámpara a cada lado de la vía de entrada es un remedio efectivo si lo anterior no se cumple. Este camino no debe tener una pendiente aguda

Figura 3B

cuesta abajo, ya que esto hace que se vaya la buena suerte. Una pendiente leve no produce el mismo efecto. Idealmente, la puerta frontal debe abrir hacia un terreno llano y no a uno inclinado hacia arriba o hacia abajo. Una inclinación hacia arriba simboliza obstáculos, retrasos y frustraciones.

Las flores y otras plantas crean ch'i adicional cuando son situadas en cualquier lado de la vía de entrada. El jardín central necesita ser cuidado. La maleza y hojas secas representan oportunidades perdidas, además de ch'i debilitado.

Muchas casas en las ciudades tienen un tramo de escaleras desde el andén. Esto crea un feng shui bueno, ya que los ocupantes subconscientemente se sienten más seguros estando arriba y lejos de la calle. Es una buena idea, en este ejemplo, plantar arbustos en ambos lados de la escalera para ayudar a estimular ch'i. No es buen feng shui para su puerta frontal que ésta se sitúe por debajo del nivel de la escalera. Esto tiende a restringir el ch'i y hace que los ocupantes se sientan atrapados e inquietos. El remedio para esto es mantener la entrada bien iluminada y tener plantas vivas cerca a la puerta.

La entrada principal debe ofrecer protección del medio ambiente. No es divertido mojarse con la lluvia mientras busca las llaves. Es de mal gusto para sus invitados estar expuestos al entorno mientras esperan que usted abra la puerta. La entrada debe ser lo más acogedora posible. Esto estimula ch'i y crea expectativas agradables en la mente de sus visitantes; como ya sabe, la primera impresión es importante. Si la puerta frontal necesita pintura y hay una colección de zapatos o una planta muerta en una matera en la entrada, sus expectativas bajarán. Si por otro lado, la entrada luce limpia, sin corotos y acogedora, sus invitados se sentirán inmediatamente más alegres y positivos antes de entrar a su casa. La puerta del frente debe ser fácil de localizar. Si sus invitados encuentran difícil hallarla, también lo será para el ch'i. Tenemos amigos que tienen la puerta frontal escondida a un lado de la casa, en el frente de ésta hay una puerta doble que conduce de la sala hasta el jardín frontal. Casi todos los visitantes nuevos golpean sobre esta puerta, ya que es muy difícil encontrar la principal.

La puerta del frente debe abrir hacia adentro, las que abren hacia afuera disminuyen la entrada de ch'i. También debería abrir hacia una habitación bien iluminada, que permita ver parte del interior de la casa. Queremos que el vestíbulo de entrada parezca espacioso. Si la puerta frontal abre a una sala de espera pequeña, el ch'i es restringido y confinado. El remedio para esto es colocar un gran espejo, lo suficientemente grande, para que no parezca que va a cortar las cabezas de sus visitantes. Un espejo en esta posición hace que el área de entrada se vea más grande y estimula al ch'i a entrar. Puede ser buena idea ubicar el espejo por encima de una mesa de pared o cualquier otra pieza de los muebles. Las flores frescas o los adornos pueden ser colocados encima para ayudar a que el ch'i entre. El interior debe estar bien iluminado para también estimular la entrada de ch'i. Las luces débiles y entradas oscuras menguan el ch'i. El remedio para esto es incrementar la cantidad de luz en el área de entrada. Un candelabro sería perfecto, ya que los cristales energizan el ch'i y lo reflejan en todas las direcciones.

La puerta trasera no deberá ser vista en lo posible desde la puerta frontal. Esta situación le permite al ch'i entrar a la casa, para inmediatamente salir. Además, si la puerta trasera está al final de un largo vestíbulo que avanza desde la puerta frontal, usted tiene un shar interno. Si es posible, cambie la posición de la puerta trasera. Alternativamente, un tabique o división podría ser puesto para ocultar la puerta trasera de cualquiera que entre por la frontal. Cristales o campanas de viento se pueden colgar enseguida y adentro de la puerta frontal y trasera para sostener el ch'i. Finalmente, si la puerta trasera es maciza, puede ser ubicado un espejo sobre ella para estimular a que el ch'i regrese hacia adentro.

Es feng shui malo para la puerta frontal que ésta abra directamente a una escalera que va arriba y abajo (Figura 3C). Esto confunde el ch'i, ya que no sabe si subir o ir hacia las habitaciones sobre tierra. También significa que los ocupantes estarán inclinados a entrar a la casa e inmediatamente dirigirse a sus habitaciones en lugar de socializar con otros miembros de la familia. Esto no es aplicable si la escalera forma ángulo recto con la puerta frontal, ya que este arreglo permite que el ch'i se acostumbre a la forma de la casa. El remedio para una escalera que sube directamente desde la puerta frontal, es colgar un cristal desde el techo y por encima del último peldaño. Esto atraerá el ch'i, evitando que se dirija a la escalera. Usualmente, una escalera que baja desde la puerta frontal tendrá una puerta. Mantenga ésta cerrada lo más posible. Lo mejor es que sus invitados vean una sala de espera atractiva cuando se abre la frontal. Sin embargo, no queremos que esta puerta se abra directamente a la sala, ya que

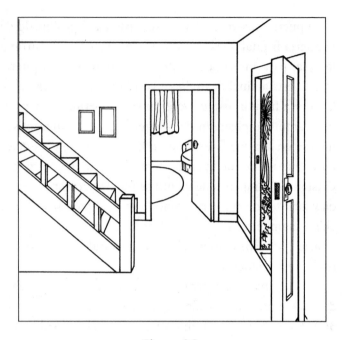

Figura 3C

anula la privacidad de los ocupantes. El remedio para esto es tapar parcialmente la entrada. Un estante para libros, una división decorativa o una matera con una gran planta pueden proveer la privacidad necesaria sin desvirtuar el feng shui de la habitación.

Si sus invitados ven la cocina cuando entran por primera vez a la casa, estarán preocupados por comida, y dicha cocina se convertirá en área de entretenimiento, reemplazando la sala. También tenderán a comer demasiado. Si no desea que esto suceda, mantenga la puerta de la cocina cerrada.

La puerta frontal tampoco debe mirar hacia la puerta de un sanitario o una alcoba. Idealmente, no queremos ver el sanitario, la estufa o la chimenea desde la puerta del frente. Se cree que si la puerta principal mira hacia un estudio, los ocupantes estarán activos y aplicados. Al contrario, si la puerta frontal apunta a una alcoba los ocupantes siempre se sentirán cansados. El agua se relaciona con riqueza en el feng shui. Por consiguiente, los que tienen la puerta frontal mirando hacia el sanitario permanecerán pobres y toda su riqueza estará continuamente escapándose. Puede ser un ejercicio revelador pretender que usted sea un comprador potencial y camine sobre el trayecto que va a su puerta frontal, para que note todas las cosas que ya no verá más. Todos miramos nuestra casa emocionalmente, y es duro verla como la vería un extraño. Puede ser útil tomar fotografías. Una vez que sea capaz de ver la entrada de su casa desapasionadamente, notará las áreas que necesitan pintura y limpieza. Notará la diferencia de mirar la perspectiva cuando haga los respectivos arreglos. Se sentirá mejor, recibirá más ch'i y sus invitados percibirán una bienvenida más cálida. Circunstancialmente también incrementará el valor de su casa para cualquier potencial comprador.

Como puede ver, la localización de la puerta del frente es de extrema importancia en el feng shui. Las posiciones de esta puerta y la cocina son los aspectos más importantes del feng shui en la casa.

Sugerencias

20. El tamaño de su puerta frontal debe estar de acuerdo al tamaño de la casa. Si es muy grande, comparada con la casa, su fortuna se verá afectada. Si es demasia-

do pequeña, el ch'i será restringido y habrá desacuerdos en la familia.

21. Remedie cualquier shar que pueda estar afectando su puerta frontal. Este es el aspecto más importante del feng shui. Observe los techos de las casas vecinas, busque líneas rectas, postes de luz, un árbol grande solitario y cualquier recta o punta aguda y angular. Si su casa mira hacia un cruce en "T", necesitará hacer que desaparezca la vía que apunta hacia su puerta frontal. Un espejo pa-kua encima de esta puerta dará dicho resultado. También pueden ser remedios efectivos árboles y cercos.

22. Pode los árboles que ocultan la puerta frontal. Esta puerta representa su carrera, y necesita estar lo más despejada posible.

23. Asegúrese que su puerta frontal brinde la mejor bienvenida posible. Debe ser fácil de encontrar por parte de los visitantes.

24. Campanas de viento, esteras atractivas, plantas colgantes, flores y estatuas de animales estimularán el ch'i hacia la puerta frontal.

25. Si tiene una entrada pequeña y restringida, use un espejo grande para que la habitación parezca más espaciosa.

26. Elimine un shar en línea recta que va desde la entrada principal hasta la puerta, ubicando un estanque o

fuente cerca de esta última. Esto también atraerá suerte y fortuna.

27. La puerta frontal debería ser más grande que la puerta trasera. Esto permite que el ch'i fluya rápida y fácilmente, y permanezca por un tiempo en la casa antes de salir.

28. El terreno y construcciones al lado izquierdo de su puerta frontal (mirando de adentro hacia afuera) deben ser un poco más altos que los del lado derecho. (Esto se debe a que el terreno y las edificaciones a la izquierda simbolizan el dragón, y lo de la derecha representa el tigre).

29. La mejor posición para la puerta frontal es al lado izquierdo de la casa, mirando hacia afuera; esto permite que el dragón verde proteja la entrada principal.

30. La puerta frontal no debería formar una línea recta con la trasera, pues se crea un shar que hace escapar todo el ch'i tan pronto como entra. Es difícil concentrarse en una casa como esta. Use muebles o espejos para guiar el ch'i en forma curva a través de la vivienda. Además puede colgar cristales en las habitaciones que están entre al puerta frontal y trasera para hacer que el ch'i permanezca más tiempo.

31. Una puerta frontal sólida es mejor que una de vidrio. Si en su mayor parte es de vidrio, cúbrala parcialmente con cortinas o decórela con alguna calcomanía adecua-

da. Esto se hace para asegurar que ni el ch'i ni sus invitados la confundan accidentalmente con una ventana.

32. Si la puerta frontal está hecha de dos o más paneles, asegúrese que todos tengan el mismo tamaño. Esto ayuda a crear balance y armonía.

33. Una buena idea es pintar la puerta frontal con un color que contraste con el de la casa para enfatizarla y estimular el ch'i.

34. Puede también ser buena idea enmarcar la puerta principal con árboles o arbustos para dar la sensación de privacidad. Sin embargo, es importante que esta puerta permanezca visible.

35. Las flores a cada lado del camino de entrada estimulan ch'i y elevan el espíritu de sus visitantes.

36. Trate de ver su entrada principal como si estuviera visitándola por primera vez. Observe todas las imperfecciones y corríjalas. Se sentirá feliz con los resultados y además percibirá que más ch'i está entrando a su casa.

4

La Cocina

Algunos de mis recuerdos más remotos se relacionan con la cocina, viendo a mi madre preparar comida. Me encantaba mirar su eficiencia al hacerlo y adoraba el olor de lo que producía. Por eso, la cocina siempre ha representado amor, calidez, confort y seguridad. Probablemente sus recuerdos del pasado tienen que ver también con ella. Por supuesto, anteriormente la cocina era el centro de la casa en muchas formas, y la familia se reunía ahí para hablar mientras se hacía la comida. Este no es siempre el caso actualmente, y conozco gente que prácticamente nunca usa la cocina, pues prefieren comer fuera todo el tiempo.

¿Alguna vez ha notado que frecuentemente en las fiestas la gente se reúne en la cocina? Tengo la sensación de que esto se conecta de alguna forma con el reapresamiento de los sentimientos de bienestar, amor y calidez de nuestra niñez.

La cocina debe brindar bienvenida, debe ser aireada e iluminada para atraer bastante ch'i beneficioso. En esta habitación en particular el ch'i debe fluir lo más suave y libremente posible. Queremos que el ch'i entre a la comida preparada recientemente, ya que esto beneficia a toda la familia. Por consiguiente, la cocina debe estar bien iluminada e idealmente tener ventanas para tener suficiente luz natural.

La estufa o el horno es tradicionalmente el sitio de riqueza de la familia. La palabra en Mandarín para significar comida es *ts'ai*. Esto suena más bien como a riqueza. Además, necesitamos alimento para vivir, por eso, después de la puerta frontal, la cocina es la parte más importante de la casa.

La cocina debe mirar hacia el centro de la casa (la posición de la buena suerte). Esta localización incrementa la prosperidad de la familia. Sin embargo, cuando apunta hacia la puerta frontal, se afecta la salud y progreso de los ocupantes de la casa.

Tampoco debe mirar hacia el sanitario, la puerta de la alcoba principal, una escalera o una cama.

La persona que está usando la estufa (horno, o microondas) debería mirar a cualquiera que entre a la habitación sin voltear demasiado su cabeza. Por consiguiente, se considera inadecuada una puerta detrás de dicha persona. El remedio para esto es colocar un espejo al lado de la estufa, que permita al cocinero ver quién está entrando a la cocina. No queremos que quien cocina se sorprenda por alguien que llega inesperadamente, pues se cree que esto produce un mal efecto a la comida.

Si usted entra a la cocina de un restaurante chino, es probable que encuentre espejos alrededor del horno. Estos espejos simbólicamente multiplican la cantidad de comida que sale del horno, lo cual aumenta las oportunidades de

progreso. Debe haber suficiente espacio alrededor de la
estufa para que el cocinero trabaje. Si quien cocina se siente confinado, la calidad del alimento puede ser afectada.
Un remedio para esto es pintar la cocina de un color claro
e incrementar la cantidad de luz en la habitación.

Por otra parte, no queremos que la cocina consista de
un espacio abierto y grande donde continuamente la
caminen las personas y distraigan al cocinero. Si su cocina
a menudo parece ser una autopista, coloque una mesa en
el centro de la habitación que actúe como barrera. Esta
mesa puede ser usada para la preparación de la comida y
tal vez sirva también como área para comer. La estufa
debe mantenerse limpia y muy bien cuidada. Si no está
funcionando como debería, se crea ch'i negativo. Esto no
es sorprendente, pues la estufa representa la riqueza de la
familia, y por ende queremos que todo alrededor de ella
funcione lo más armoniosamente posible.

Por consiguiente, asegúrese que regularmente usa
todos los elementos de la cocina. Es fácil caer en el hábito
de usar los mismos todo el tiempo. Usarlos todos puede
ayudar a su prosperidad.

También deseamos que la despensa y el refrigerador estén
repletos de comida. Esto se debe a que la calidad y cantidad
de comida disponible se refleja directamente en el progreso
de la familia. Aparentemente el suministro ilimitado de alimento simboliza abundancia, tranquilidad y felicidad.

Si la casa tiene dos o más pisos, no es conveniente un
sanitario directamente encima de la cocina. El sanitario
crea ch'i negativo, que afecta adversamente la suerte y
riqueza de la familia.

La cocina debe estar cerca y al mismo nivel del comedor. La estufa representa los elementos de fuego y metal.

El refrigerador y el lavadero se relacionan con agua. Tradicionalmente, fuego y agua no se mezclan. Sin embargo, es improbable que esté preparando sus comidas sobre un fuego abierto. El metal de la estufa contiene el fuego, y dicho metal y el agua no son compatibles. Es interesante notar que el horno consta de fuego y metal, los cuales no se unen. La tierra provee el equilibrio entre estos dos elementos. Por consiguiente, es bueno usar utencilios hechos de tierra y cerámica en el horno.

A pesar del hecho de que el horno es metal y el refrigerador agua, no deben ser situados lado a lado. Esto es debido a que el elemento fuego del horno, aunque protegido por el metal exterior, está aún demasiado cerca al elemento agua del refrigerador. Ya que la madera está entre el fuego y el agua en el ciclo de elementos, una mesa de este material podría ser ubicada entre el refrigerador y el horno. Alternativamente, la pared puede pintarse de verde (para representar el elemento madera). Sin embargo es mejor, mantener el refrigerador y el lavadero lejos de la estufa.

El blanco es un buen color para pintar la cocina, ya que se relaciona con el elemento metal. Esto ayuda a armonizar los diferentes aparatos domésticos, tales como la estufa, el refrigerador y el lavaplatos.

No queremos tuberías o drenajes visibles en la cocina. El agua se drena a través de ellos, lo que simboliza que la riqueza se está escapando.

No deseamos que la cocina sea visible desde la puerta frontal, a menos que quiera pasar su vida preocupado por la comida. Un tabique o división podría ocultarla efectivamente. Alternando, campanas de viento o cristales colgantes puede servir como un remedio efectivo.

Sugerencias

37. La cocina debe estar bien iluminada y dar una sensación de amplitud. Ya que ésta simboliza la riqueza de la familia, debería tener bastante luz para estimular el máximo ch'i posible en la habitación. Si es oscura y triste no querrá pasar mucho tiempo ahí.

38. El cocinero debe poder ver a cualquiera que entre a la habitación sin tener que voltear su cabeza más de 45 grados. Si esto no es posible, coloque espejos que permitan a quien cocina ver la entrada.

39. La estufa debe mantenerse limpia y en buena condición, ya que se relaciona directamente con la riqueza de la familia.

40. Use todos los elementos de su cocina para que esto lo ayude a prosperar.

41. Mantenga la cocina con bastantes alimentos almacenados para dar la impresión de abundancia.

42. Oculte todas las tuberías y drenajes, ya que simbolizan la riqueza escapándose.

43. La cocina debe sentirse aireada, espaciosa y acogedora.

5

El Comedor

El comedor debe verse espacioso, confortable y acogedor. La atmósfera de esta habitación es casi tan importante como la comida. El tiempo que se pasa aquí debería ser estimulante y alegre. Allí la familia debe experimentar felicidad, hablando y relajándose a la vez que comen.

Debe estar cerca a la cocina, pero no cerca a la puerta frontal. Si sus invitados pueden ver esta puerta desde el comedor, es probable que coman y luego se vayan.

El enfoque principal en esta área es la mesa. Todo lo demás es de menor importancia. La mesa del comedor debe ser ubicada cerca a la mitad de la habitación, o al menos en una posición en la que sus invitados puedan levantarse de ella sin sentirse restringidos por la pared. Muchas personas tienen la costumbre de sentarse siempre en la misma posición en la mesa del comedor. Sin embargo, esto es considerado negativo en el feng shui, pues significa que está simbólicamente desalentando a cualquier invitado. Asegúrese de tener al menos tres sillas alrededor del comedor y cambie de puesto para que todos se acostumbren a hacerlo. Esto estimulará a los invitados en su casa.

El cuarto del comedor no debe estar a un nivel inferior al de la sala. Esta es una de las razones por las que las casas de dos niveles no son favorables en el feng shui. Cuando el comedor está a un nivel más bajo, se cree que el ch'i beneficioso fluirá a los invitados y luego saldrá de la casa con ellos.

Las mesas redondas u ovaladas se consideran mejor feng shui que las cuadradas o rectangulares. Hay dos razones para esto, las cuadradas y rectangulares crean shars desde los ángulos de cada esquina. Este efecto se puede eliminar en muchas mesas redondeando levemente las esquinas. Sin embargo, no es conveniente que dos personas al sentarse queden frente a frente en una mesa cuadrada o rectangular. El Rey Arturo descubrió hace mucho tiempo que una mesa redonda era más armoniosa y mejor para la comunicación que una rectangular. Las mesa pakua (octagonales) son también consideradas buenas, ya que atraen energía de todas las direcciones.

No debemos tener demasiados muebles en esta habitación, particularmente si hacen que esta parezca estrecha y restringida. Es mejor tener sólo la mesa y las sillas y disfrutar la sensación de amplitud, en vez de incluir aparadores y otros muebles que hacen que la habitación se vea pequeña e incómoda.

Se pueden usar pinturas y espejos para aumentar la energía del ch'i. Los Chinos a menudo usan pinturas de alimentos, o alternativamente, de paisajes montañosos con ríos que fluyen suavemente. Los espejos no sólo duplican simbólicamente cantidad de comida en la mesa, sino nuestro número de amigos.

Las sillas del comedor deben ser cómodas. No queremos que nuestros invitados terminen de comer y se levanten inmediatamente. Los miembros de la familia deben sentarse con sus espaldas mirando hacia la pared y no hacia las ventanas. Esto les suministra un gran apoyo, pues de esta forma entretienen a los invitados con más confianza.

El arreglo de los lugares de las personas en la mesa es un arte por sí mismo. La cabeza de la familia debería idealmente sentarse mirando a la entrada principal de la habitación. Tradicionalmente los padres se sientan en lados opuestos en una mesa rectangular. En el pasado, el padre siempre se consideró la cabeza de la familia. Actualmente, es usual que la persona que aporta mayor dinero al hogar sea quien reciba dicho título. Como la mayoría de las civilizaciones, la China del pasado era un sistema patriarcal. Sin embargo, los tiempos cambian, y el feng shui ha mantenido el ritmo a través de los años reflejando el mundo que vivimos hoy día. Ahora, se considera perfectamente aceptable que padre y madre se sienten lado a lado.

Debemos estimular ch'i en esta habitación para crear un ambiente placentero y que la familia y amigos coman y se diviertan en compañía. La atmósfera debe ser íntima y debe conducir a la conversación. Los Chinos consideran que la comida alimenta el espíritu además del cuerpo. Por consiguiente, al comer se debería tener un ambiente agradable cuando sea posible.

Ch'i adicional entra a esta habitación si se ubica en la esquina de la casa, con ventanas a ambos lados. El sur ha sido tradicionalmente considerado la mejor ubicación para el comedor, y además representa un cumplido para sus invitados que estén sentados mirando en esta dirección.

Un comedor con dos entradas se considera bueno, ya que estimula al ch'i a que fluya. Sin embargo es mejor, si las dos entradas no están opuestas entre sí.

Los travesaños en el techo crean shars, por eso deben ser evitados cuando sea posible. Lo ideal es que las vigas crucen la mesa del comedor a lo largo. No trate de sentar a alguien justo debajo de un travesaño. Un remedio usual para esto, es colgar dos pequeñas flautas de bambú en la mitad de dichos travesaños. Muchas casas no tienen una habitación separada para el comedor. El área para comer es a menudo parte de la sala o cocina. En estos casos, una división o una gran planta puede dar la ilusión de estar en un comedor independiente (Fig. 5A). Esto permite también que el ch'i fluya más suavemente y haga sentir más cómodo a los invitados.

Sugerencias

44. El comedor debe ser una habitación aparte o un sector claramente definido.

45. El comedor no debe estar a un nivel inferior del de la sala.

46. La mejor forma para la mesa de comedor es la redonda, ovalada u octagonal. Asegúrese que las mesas cuadradas y rectangulares tengan las esquinas ligeramente redondeadas.

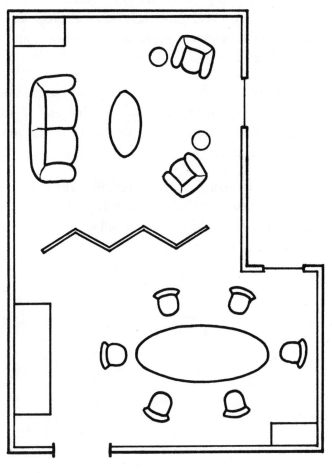

Figura 5A

47. Cuelgue un espejo grande en esta habitación, este es uno de los mejores lugares de la casa para ubicarlo, ya que simbólicamente duplica la cantidad de comida sobre la mesa.

48. No invite a las personas a un comedor atestado de muebles, pues esto restringe valuable ch'i. Evite los corotos, entre más simple sea la habitación, mejor se sentirá.

49. Si vive solo, tenga al menos tres sillas alrededor del comedor. Asegúrese de no sentarse en la misma en cada comida. Si usa todas estas sillas, animará a sus invitados en su casa.

6

La Alcoba

Todos pasamos cerca de la tercera parte de nuestras vidas en la alcoba. En esta habitación deseamos relajarnos y quedar dormidos fácilmente. Por consiguiente, debemos hacer de este espacio lo más agradable y cómodo posible. Naturalmente, somos extremadamente vulnerables cuando estamos durmiendo. Por eso, el dormitorio tiene diferentes requerimientos del feng shui en comparación de las demás habitaciones, además necesitamos de algún modo sentirnos protegidos y seguros en este lugar.

Las alcobas de forma rectangular o cuadradas son las mejores desde el punto de vista del feng shui. Estas formas eliminan los shars causados por habitaciones irregulares y permiten que el ch'i fluya más suave y fácilmente.

Debería haber sólo una entrada. Cuando el dormitorio tiene dos puertas, es más probable que sea usado como un pasadero y sus ocupantes no dormirán placenteramente. El techo de una habitación no debe ser inclinado o tener travesaños visibles. Sitúe la cama debajo de la parte más alta del techo si este es inclinado, y cuelgue dos flautas de bambú en cada viga.

Es importante que permitamos entrar suficiente ch'i a nuestra alcoba durante el día para que nos proteja toda la noche. Podemos hacer esto dejando entrar la máxima luz posible a los dormitorios durante el día. La luz del sol es buena, pero no debe caer directamente sobre las camas, pues se cree que esto las sobreactiva, haciendo difícil conciliar el sueño en ellas.

Las alcobas también son lugares donde podemos pasar el tiempo solos, sintiéndonos totalmente seguros y protegidos. Necesitamos esos momentos tranquilos e introspectivos para revitalizarnos. Para esto se necesita suficiente ch'i.

Los dormitorios son frecuentemente usados para una variedad de propósitos diferentes a dormir. Por ejemplo, muchas personas estudian en ellos. Un conocido mío está escribiendo una novela en su alcoba, ya que es el único lugar donde tiene espacio para instalar su computador. Si este es el caso, se necesita estimular ch'i adicional en la habitación para activar el cerebro de los ocupantes. Un cristal suspendido sobre el escritorio producirá ch'i en su área adyacente. También es buena idea separar la alcoba en áreas específicas para dormir o trabajar. Esto es especialmente importante si se usan equipos para ejercicios en la habitación. Para asegurar un sueño placentero, debe mantener su cama separada de la maquinaria, equipo de oficina y cualquier otro elemento que usualmente no pertenezca a esta habitación.

La cama debe ser ubicada en una posición donde los ocupantes puedan ver a cualquiera que esté entrando a la alcoba. Idealmente no deberían tener que voltear sus cabezas más de 45 grados para hacer esto (Figura 6A). Usualmente, la mejor posición para la cama es diagonal frente a la puerta. Puede usarse un espejo como remedio para hacer más fácil ver quién entra a la habitación.

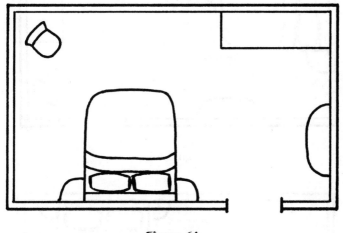

Figura 6A

La cama debe apoyarse sobre una pared para ganar firmeza. Lo mejor es ubicar la cabeza de dicha cama en esta posición (Figura 6B). Si la cama no hace contacto con la pared, los ocupantes probablemente se sentirán inestables e inquietos. No debemos tener la cama localizada contra una ventana, pues el ch'i se sale a través de ella y puede no recibir suficiente energía durante la noche. Es mejor colocar una mesa pequeña o una silla entre la cama y la ventana.

El pie de la cama no debería apuntar directamente hacia la entrada principal de la habitación (Figura 6C).

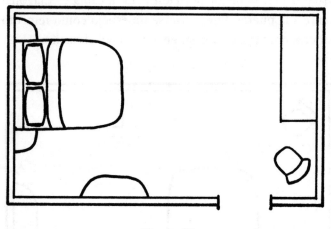

Figura 6B

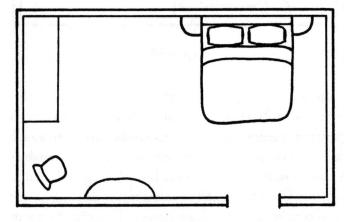

Figura 6C

Esta localización le recuerda a las personas que entran a la habitación, la posición de un "ataúd". En el pasado, los Chinos eran enterrados de acuerdo a su horóscopo. A veces significaba que no podían ser enterrados sino un mes después de haber muerto. Los ataúdes eran alineados en los patios frente a los templos esperando el día indicado para ser enterrados. El pie de la cama mirando hacia la puerta nos recuerda eso. La cama tampoco debe ubicarse bajo un travesaño visible (Figura 6D). La persona que duerme en esta posición es probable que experimente

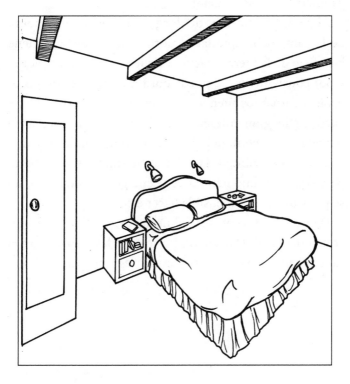

Figura 6D

problemas de salud en la parte del cuerpo que está exactamente bajo la viga. Por ejemplo, si el travesaño cruza el pecho de la persona, ésta probablemente desarrollará afecciones en dicha parte del cuerpo. Los travesaños que están a lo largo respecto a la cama, crean incoherencias maritales que al final conllevan a una separación. Sin embargo, en algunas alcobas no hay elección, y es necesario que la cama sea ubicada bajo una viga. En este ejemplo es mejor que la viga esté a lo largo respecto a la cama, ya que así no causará problemas de salud. Sin embargo, para la armonía en el matrimonio, el travesaño debería ser rectificado colgando dos flautas de bambú en él.

Algunos practicantes del feng shui dicen que la cabeza de la cama debe apuntar al norte. Dicen que se obtiene beneficio de la fuerza magnética que viene del Polo Norte, y por consiguiente, se puede dormir mejor y es más probable recordar los sueños. He experimentado esto y no he encontrado gran diferencia en la calidad del descanso recibido. Si la configuración de la habitación lo permite, es bueno que ubique la cabeza mirando hacia el norte para seguir el flujo natural de la energía. Sin embargo, no se preocupe si no es posible hacer esto.

De hecho, mi cama está alineada de acuerdo a mi triagrama personal. Hay cuatro posiciones favorables para la cabeza de la cama dictadas por su triagrama personal:

Las cuatro posiciones más favorables
(desde la más cómoda hasta la menos cómoda)

Triagrama	Posición
K'un	Suroeste, Noroeste, Oeste, Noreste
Ken	Noreste, Este, Noroeste y Sureste
Chien	Noroeste, Suroeste, Noreste y Oeste
Tui	Oeste, Noreste, Suroeste y Noroeste
Sun	Sureste, Este, Sur y Norte
Chen	Este, Sureste, Norte y Sur
Li	Sur, Norte, Sureste y Este
K'an	Norte, Sur, Este y Sureste

Naturalmente, si dos personas comparten la misma cama, quizás tendrá que llegar a un acuerdo en la elección de la dirección. Si por ejemplo, usted es un K'un y su pareja es un Ken, la mejor dirección para ambos sería el oeste. Tenga en cuenta esto, pero no ubique su cama en una parte inusual de la habitación simplemente para situarla en la dirección más cómoda. La estética forma un papel muy importante en el feng shui, y es probable que usted haya situado su cama en la posición correcta intuitivamente de acuerdo a este factor.

La cama no deberá ser movida cuando la esposa está embarazada. Esto es debido a que los Chinos creen que espíritus del tamaño de una molécula, conocidos como lings, viven debajo de la cama esperando el bebé que va a nacer para darle el respiro de la vida (ch'i). No debe desempolvar o limpiar debajo de la cama durante el período de embarazo.

No importa que cantidad de espejos utilice en las otras habitaciones, pero en el dormitorio deben usarse con moderación, pues ellos son deseables aquí, siempre y cuando no estén ubicados directamente en frente del pie de la cama. Esto se debe a que las personas que se levantan a media noche podrían ver su reflejo y pensar que es un fantasma. Además, los espejos en esta posición tensionan el matrimonio.

La alcoba principal debe ser ubicada lo más lejos posible de la puerta frontal. Esto simbólicamente hace que los ocupantes se sientan más seguros, lo que significa que dormirán mejor. También es importante situar el dormitorio lo más lejos posible de los ruidos de la calle.

Esta habitación debe ser un lugar donde usted pueda relajarse totalmente. Mantenga fuera de este espacio los objetos que le recuerden tareas que necesitan ser realizadas, o al menos fuera de la vista. Lo primero que se ve cuando se levanta en la mañana debe ser algo agradable y atractivo. Es afortunado si puede levantarse y ver inmediatamente un escenario hermoso afuera de la ventana de su alcoba. Si lo primero que ve cuando se levanta es una pila de ropa sucia, o trabajo que ha traído de la oficina para realizar en casa, no va a comenzar bien el día. Asegúrese que cosas como estas no estén a primera vista cuando comienza su rutina diaria.

Es común en la casas de Occidente tener las alcobas alineadas a lo largo de un pasillo, lo que puede crear un shar, o flecha venenosa, que apunte directamente hacia la última habitación. Además demasiados cuartos que abran al mismo pasillo pueden crear desacuerdos y frustración.

Figura 6E

Asegúrese que no hay shars externos apuntando hacia las ventanas de la alcoba. El remedio para esto es colocar cortinas grandes. Sin embargo, si se mantienen cerradas todo el tiempo, es necesaria luz adicional en la habitación para activar el ch'i.

Tenga en cuenta que la puerta puede también crear un shar, si el borde agudo apunta directamente a la cama (Figura 6E). Para prevenir esto, asegúrese que la puerta esté abierta totalmente. Puede necesitar mover los muebles si no es posible eliminar dicho shar. Un remedio alternativo es colgar un espejo al otro lado de la habitación para reflejar el filo de regreso a la puerta.

Pueden surgir otros shars internos si la habitación es de forma irregular. Una alcoba en forma de "L", por ejemplo, contiene un shar desde la intersección de las dos paredes que atraviesan este lugar. Asegúrese que la cama no esté alineada con esta localización, ya que los ocupantes podrían tener problemas de salud. El remedio es colgar un cristal o juego de campanas en el techo aproximadamente a seis pulgadas del shar. Una solución alternativa es colocar espejos sobre las dos paredes que crean el shar.

Las alcobas son usadas a menudo como áreas de almacenamiento. Se van acumulando corotos que afectan el ch'i adversamente. Incluso si los objetos están fuera de la vista, pueden aún interrumpir el flujo de energía. Por ejemplo, los artículos almacenados debajo de la cama crean ch'i negativo que puede afectar las relaciones matrimoniales de los ocupantes. Se cree también que se tienen sueños relacionados con los objetos guardados.

Los colores correctos para la alfombra y el papel pintado de la habitación se relacionan con el elemento de los ocupantes. Este es particularmente el caso de la alcoba de los niños donde queremos que dichos colores se relacionen con el elemento que precede inmediatamente al de ellos en el ciclo.

Si es **Fuego**, el color adecuado es el verde.

Si es **Tierra**, el color adecuado es el rojo.

Si es **Metal**, el color es el amarillo.

Si es **Agua**, el color es el blanco.

Si es **Madera**, el color es el azul o el negro.

Es necesario aplicar remedios si el color en la habitación del niño no concuerda con su elemento. Naturalmente, es mejor cambiar el color, pero puede ser costoso, particularmente si este se encuentra en la alfombra.

Si el elemento del niño es Fuego, los colores incompatibles son el negro y el azul. Adicione verde al sistema de colores para arreglar el problema.

Si el elemento del niño es Tierra, el color discordante es el verde. Adicione rojo al sistema a manera de remedio.

Si el elemento del niño es Metal, el color incompatible es el rojo. Para solucionar esto agregue amarillo al sistema.

Si el elemento del niño es Agua, los colores incompatibles son el amarillo y el café. Como remedio adiciónele blanco a la habitación.

Si el elemento del niño es Madera, el color discordante es el blanco. Agregue azul al sistema de colores.

Para las habitaciones de los adultos necesitamos idealmente una mezcla del color que se relacione con sus elementos personales además del elemento inmediatamente anterior a estos.

No es buena idea usar como alcoba para niños la ubicada en la última esquina diagonal a la derecha de la puerta frontal. Este es el sector del matrimonio, y es la mejor posición para la alcoba principal. Si se le da a un niño, éste tenderá a querer el dominio de la casa.

La habitación del niño tampoco debe estar fuera del alcance del pa-kua ubicado durante el diseño de la casa. Cuando sucede esto, se dice que la habitación está desprotegida. Si no hay alternativa para cambiar esta localización, se debe usar un espejo sobre la pared para que adjunte el resto de la casa y así dirigir simbólicamente el cuarto desprotegido de regreso hacia el pa-kua. Si su vida sentimental necesita ser estimulada, remueva todos los juguetes infantiles de la alcoba. Estos pueden ser osos de felpa, modelos de aviones o cualquier otra cosa que tenga que ver con sus años de niñez. Remueva las cosas relacionadas con anteriores compromisos; su nueva pareja no querrá verlas. Ubique la cama en una posición en la que pueda ser accedida por ambos lados. Cuelgue un espejo grande y redondo sobre la pared. Los espejos redondos son preferidos sobre los cuadrados o rectangulares ya que las esquinas de estos últimos pueden crear shars. Saque de la habitación cualquier cosa que le recuerde el trabajo. Es difícil sentirse romántico cuando se está observando una pila de ropa sucia.

Los niños decoran sus cuartos con imaginación y entusiasmo reflejando sus intereses y aficiones. Incluso cuando se es adulto se deben realizar estas labores de la misma forma. Una alcoba no tiene que ser aburrida y puramente funcional. Exprese en ella algo de su entusiasmo. Dormirá mejor, sus sueños serán placenteros y despertará en la mañana con mayor ánimo.

Sugerencias

50. La posición ideal para la cama es diagonalmente y tan lejos como sea posible de la entrada de la casa.

51. El pie de la cama no debe apuntar directamente a la puerta de la habitación.

52. Asegúrese de poder ver a cualquiera que esté entrando a la alcoba sin necesidad de girar su cabeza más de 45 grados.

53. La cama no debe ser ubicada bajo un travesaño. Si no hay alternativa, lo mejor sería que este avanzara longitudinalmente respecto a la cama.

54. Ubique la cama sobre una pared sólida si es posible, y no bajo una ventana.

55. Su relación sentimental mejorará colocando un espejo redondo en la habitación.

56. No sitúe un espejo directamente en frente del pie de la cama, pues puede asustarse viendo su reflejo si se levanta durante la noche.

57. La cama debe tener acceso por ambos lados si quiere atraer a su pareja.

58. Deje suficiente espacio debajo de la cama para que el ch'i fluya. Es necesario que el ch'i circule por encima, por debajo y al menos por un lado de la cama. Si el espacio bajo la cama se usa como área de almacenamiento, probablemente está restringiendo la energía y no está obteniendo beneficio total de la cama.

59. No ubique el tocador opuestamente a la puerta, ya que esto puede llevar a problemas en sus relaciones. Los tocadores usualmente tienen espejos que, en esta posición, reflejan el ch'i beneficioso en la habitación, creando apatía y falta de pasión en las personas que la usan.

60. Una planta viva puede estimular la energía de la alcoba. Sin embargo, no tenga demasiadas en esta habitación ya que pueden agotar todo el ch'i disponible.

7

El Cuarto de baño

El sanitario y el baño son extremadamente importantes en la casa, ya que son lugares donde el agua (dinero) se drena. En estas habitaciones el ch'i debe dejarse fluir suavemente hacia adentro y afuera sin impedimento. Por consiguiente, los baños demasiados vistosos no son buenos desde la perspectiva del feng shui ya que tienden a retener el ch'i dentro de la habitación. De hecho, los Chinos relativamente prefieren baños simples y funcionales con pocas decoraciones y aditamentos. Así mismo, usted debe hacer de este cuarto un lugar agradable con colores delicados y uno o dos objetos que encuentre atractivos. Una planta en una matera puede también ayudar a estimular ch'i. Las toallas azules y verdes lo ayudan a relajarse, mientras activan al agua para que fluya libremente a las tuberías. El azul es además un buen color para el baño y el sanitario desde el punto de vista del feng shui, ya que se relaciona con el elemento agua.

Los colores claros son mejores que los oscuros en el sanitario y el baño. Una buena elección para representar el elemento agua es aplicar diferentes tonalidades de azul. Sin embargo, cualquier color funcionará aquí, excepto el rojo (ya que el Agua y el Fuego son opuestos). Un amigo mío que vive en Phoenix, tiene un cuarto de baño blanco, pero las cortinas de la ducha proveen un color acogedor. Son de color azul y tienen peces de colores por todas partes. Ya que es el único color presente, obligatoriamente usted lo notará. Esto produce un silencio efectivo cada vez que el baño es usado.

La única excepción para un cuarto de baño simple y puramente funcional es cuando se ubica en el sector del Matrimonio de la casa. Si es localizado aquí, conviértalo lo más hermoso y atractivo posible. Coloque sus adornos favoritos y cuelgue un cristal en el techo para activar el ch'i. Idealmente el baño debe tener una ventana para permitir la entrada de luz y ch'i. Esto es debido a que el baño se considera una localización negativa en el feng shui. No queremos que todo el amor y nuestra relación sentimental se drenen por el sanitario. Ampliando y embelleciendo esta habitación, estamos estimulando la energía adentro y remediando efectivamente lo que normalmente es una situación negativa.

Si el baño es ubicado en el centro de la casa, en el área de la buena suerte, esparcirá ch'i negativo alrededor de la misma. También será drenada toda su buena suerte por el sanitario. Si este último es localizado en dicho sector, es conocido como el "sanitario mortal". El remedio en este caso es colocar espejos sobre las cuatro paredes dentro del baño, los cuales simbólicamente hacen que la habitación desaparezca. Es también buena idea ubicar un espejo en la parte externa de la puerta que da entrada a un "sanitario mortal". Las otras localizaciones desfavorables para estas habitaciones son el suroeste, Noreste, sur y al lado de la puerta frontal o mirando hacia ella. Se cree que si el baño y el sanitario son situados en el suroeste y Noreste, la salud de los ocupantes será afectada. Si se localizan en el sur, las personas entrarán en desacuerdo y pelearán. Si la localización es al lado o al frente de la puerta principal, se piensa que los ocupantes obtendrán mala reputación. Estas son interpretaciones tradicionales, y hay un remedio para cada una de estas localizaciones. Un espejo al exterior de la puerta refleja el ch'i lejos del baño y el sanitario.

El baño tampoco debe ser ubicado al final de un largo pasillo, pues de esta forma habría un shar apuntando directamente hacia él. Esto significa que el ch'i beneficioso que ha entrado por la puerta principal finalizará su recorrido en el sanitario. El remedio es mantener cubierta la taza del del sanitario y la puerta del baño cerrada. También sería conveniente colocar un espejo sobre la parte externa de la puerta para simbólicamente hacer desaparecer la habitación. Tradicionalmente, el lado norte de la casa ha sido considerado la mejor localización para el sanitario y el baño.

Por supuesto, es necesario tener espejos dentro del baño. Sin embargo, evite azulejos reflectivos ya que producen un efecto negativo restringiendo el flujo de dinero.

El baño y el sanitario no deberían ubicarse en los sectores de riqueza, fama o carrera de la casa. Las localizaciones del desastre, los seis shars, la muerte y los cinco fantasmas son lugares adecuados para el sanitario.

Es preferible que el baño y el sanitario sean habitaciones separadas. Si están juntos, debe dividirlos con una pared de mediana altura o un tabique. El cuarto de baño debe mantenerse limpio. Olores desagradables, escapes, ventanas, puertas que se atascan y otros problemas en esta habitación crean ch'i negativo que afecta adversamente la riqueza y el bienestar de todos los habitantes de la casa.

Hay que ocultar la tubería de agua, siempre que sea posible. Si está visible, permite que usted vea drenar el agua (que equivale a riqueza). Por consiguiente, esta habitación no debe ser situada en la parte norte o suroeste de la casa, ya que estos son los sectores de la carrera y la riqueza.

Mantenga cerrada la puerta del baño, si este puede ser visto desde la puerta principal, la sala, el comedor, la cocina o una alcoba. Un sanitario que esté en dirección a la puerta frontal no es conveniente, pues se cree que hacia él fluye todo el ch'i que entra a la casa. Los Chinos prefieren mantener las puertas del sanitario y del baño cerradas a manera de etiqueta. Además, usualmente cubren la taza del sanitorio, pues no quieren ver su dinero drenándose fuera de la vivienda.

Los retretes y baños de pisos superiores no deben ser ubicados sobre la puerta frontal o la cocina. Estas dos localizaciones se relacionan con los problemas de la familia. Un sanitario encima de la cocina significa que el agua y los desechos fluyen a través de la habitación más importante de la casa.

Los baños en una alcoba principal no son recomendables desde el punto de vista del feng shui, ya que dispersan ch'i negativo a la alcoba. El remedio para esto es usar ventiladores de extracción además de ventilación natural para sacar esta mala energía de la habitación. Las superficies cerámicas pueden también ser una solución a este

caso. Es interesante notar que estas superficies son frecuentemente usadas en sanitarios y baños alrededor del
mundo. Tal vez, la gente siempre ha sabido que este material que sirve para contrarrestar el ch'i negativo.

Naturalmente, hay remedios para todos los problemas
causados por la ubicación inadecuada del sanitario y
baño. Un espejo en el exterior de la puerta removerá cualquier problema ocasionado cuando estas habitaciones
miran hacia la puerta frontal, o estén sobre ella.

Sugerencias

61. El sanitario debe ser lo más discreto posible.

62. El baño y el sanitario no deberían abrir directamente
    hacia la puerta de la alcoba principal que está al lado
    opuesto del pasillo.

63. El cuarto de baño no debe estar ubicado al final de un
    largo pasillo.

64. Las puertas del baño y el sanitario deben mante-
    nerse cerradas.

65. Use una división o media pared para separar el sanita-
    rio del baño, si están en la misma habitación.

66. Los sanitarios no deben ser ubicados en el centro
    de la casa, pues esparcirán ch'i negativo alrededor
    de ella.

67. El sanitario no debe situarse cerca a la puerta frontal, si esto es así, el ch'i negativo producido por él chocará con el ch'i positivo que entra a la casa.

8

La Sala

Esta habitación debe brindar bienvenida y reflejar su personalidad e intereses. Usted deberá sentirse completamente
relajado y cómodo aquí, al igual que sus invitados. En
muchas casas la sala se usa sólo en ocasiones especiales. En
este caso, una parte importante de la casa no está siendo
utilizada apropiadamente, restringiendo así algunas áreas
de su vida. Haga confortable este espacio y úselo frecuentemente. Si no está haciendo esto aún, notará una gran diferencia en la calidad de su vida tan pronto como empiece.

El ch'i debe fluir libremente a través de la sala. Esto estimula a los miembros de la familia a pasar el tiempo juntos.

El ch'i hace que sus invitados también se sientan tranquilos y cómodos.

La localización de los muebles debe hacerse de tal
forma que permita el flujo del ch'i sin impedimento, creando así calidez y compañerismo en la habitación. Las
personas deben ser capaces de mover estos muebles libremente. Los arreglos hechos en forma de "L" no son buenos, a menos que se hagan en una esquina de la sala. Esto

es debido a que esta configuración en el centro de la habitación origina un shar.

Los muebles deben ser organizados con cuidado, si se localizan en gran parte a un lado, la habitación parecerá desbalanceada. Esto puede llevar a restricción de sentimientos. Cualquiera que se siente en esta sala está incómodo, pero no sabrá por qué. La gente tampoco se siente a gusto cuando al sentarse están dándole la espalda a la puerta. Por consiguiente, los muebles deben ser organizados de tal forma que las personas que los usan no queden ubicados de esta forma. Si su habitación no permite hacer esto, se considera conveniente ofrecer a los invitados las sillas que miren hacia la entrada. Idealmente, la cabeza del hogar debería sentarse en un mueble que mire hacia la puerta principal de la habitación. Los anfitriones no deben sentarse dando su espalda a la ventana, ya que esto representa falta de apoyo. Una pared sólida tras de ellos aumenta la confianza y los hace naturalmente más extrovertidos y hospitalarios.

La sala no debe estar cerca a la puerta frontal, pero sí al mismo nivel. Si se encuentra a un nivel más bajo, un remedio efectivo es colgar un cristal en el centro de la habitación para impulsar el ch'i hacia arriba. Las plantas también pueden ser una solución adecuada en este caso.

No ubique muebles o sofás bajo travesaños visibles, ya que estos shars aéreos pueden ser opresivos y crear discordia. Dos flautas de bambú colgadas en las vigas sirven como remedio cuando no hay alternativa de organizar dichos muebles de otra forma.

Una chimenea crea un punto de enfoque en la habitación y, en los meses de invierno, da calor y ánimo.

Sin embargo, también permite que el ch'i se escape a través de ella. El remedio en este caso es colgar un espejo encima de la chimenea para reflejar el ch'i de regreso a la habitación.

En muchas casas todos los muebles son orientados hacia la chimenea. Aunque puede ser bueno en invierno, es mejor feng shui si al menos algunos de ellos se ubican frente a frente para estimular la conversación. Naturalmente, los muebles no deberían ser situados tan cerca del fuego, pues las personas se calientan demasiado y así mismo cambian la conversación. También es común tener todos los muebles mirando hacia el televisor. Este crea un ch'i positivo en la habitación, ya que produce luz y sonido, pero también puede anular la conversación.

Los objetos en la sala deben ser una mezcla de yin y yang. Por consiguiente, algunos de ellos deberían tener esquinas cuadradas y otras redondas. Ciertas autoridades en el tema insisten en que todo tenga bordes redondos, pero esto no es práctico, y es probable que concentre los pensamientos de la gente hacia el dinero. Es mejor crear una mezcla armoniosa de muebles y objetos que usted personalmente considere atractivos.

La sala debe estar bien iluminada, pero asegúrese que las luces no sean demasiado fuertes. Equilibre la luz superior con lámparas de mesa o de puerta para iluminar diferentes partes de la habitación. Coloque un pa-kua sobre un plano del piso para determinar los sitios que quiere activar. El sector de la riqueza es particularmente fuerte en la sala. Asegúrese que esta área esté con muy buena luz para que así recoja todo lo que merece. Este además es un lugar excelente para ubicar un bien preciado, una planta o el televisor. Debe organizar los muebles aquí para hacer del sector de la riqueza el punto de enfoque de la habitación. Otras áreas donde es importante hacer una iluminación buena son las del matrimonio y la familia. Alternativamente, si la habitación no es grande, puede colocar sillas confortables en todos estos sectores, organizados de tal forma que motiven la conversación.

El ch'i negativo se crea en la sala cuando dos puertas se encuentran frente a frente, en lados opuestos de la habitación. Si es posible, use una división para tapar una de las puertas. Alternativamente, el remedio es colocar campanas o cristales colgantes en ellas. Una puerta y una ventana que se encuentran opuestas entre sí, también crean ch'i negativo, lo mismo sucede con dos ventanas en esta forma. La solución para este último caso es mantener cerradas las persianas de una de las dos ventanas. Si las puertas enfrentadas forman un pasillo que se usa todo el tiempo, arregle los muebles de tal forma que los ocupantes de esta habitación no sean interrumpidos por personas caminando a través de ella. Si las puertas están cerca a la pared, un espejo removerá el efecto shar producido por la línea recta que forma la habitación.

La salón de juegos

Este lugar debe ser cómodo e informal. Los muebles aquí deberían ser casuales y organizados de tal forma que brinden confort y faciliten la comunicación. Además debe estar libre de corotos. Esta clase de habitación a menudo sirve también como área de almacenamiento. No hay problema con esto, siempre que los objetos guardados no queden a la vista.

Es probable que el uso de esta habitación cambie a medida que crece la familia. Por ejemplo, con el tiempo, una mesa de tenis puede ser reemplazada por una de billar.

Cada área de este lugar se relaciona con diferentes miembros de la familia como lo muestra el pa-kuà. Esto es, los objetos que pertenecen al hijo mayor, deben ser guardados en el este, los de la hija menor al oeste, y así sucesivamente. Los corotos en diferentes partes de la habitación producirán complicaciones en la vida de la persona afectada por determinada dirección.

Sugerencias

68. La posición más importante de la sala es diagonalmente a través de la puerta principal. Este es el mejor lugar para la cabeza del hogar, ya que representa control y dominio.

69. Los sectores oscuros en la sala afectan adversamente la parte de la vida indicada por las Aspiraciones del Pakua. Use lámparas de mesa o de puerta donde sea necesario para dar luz alrededor de toda la sala.

70. Organice los muebles uniformemente alrededor de la habitación. Si se ubican recargadamente a un sólo lado, la sala estará desbalanceada y este lado se sentirá pesado y restringido.

71. Arregle los muebles de tal forma que las personas puedan moverse libremente por toda la habitación sin sentir que están atravesando obstáculos.

72. El respaldo de las sillas o muebles no debe mirar hacia ninguna de las entradas de la habitación. Las personas sentadas en estas posiciones se sienten inseguras y carentes de apoyo.

73. La sala debe sentirse cómoda y acogedora. Esto se logra teniendo sillas y muebles confortables, suficiente luz y pinturas o adornos agradables a la vista.

74. Sus invitados se sentirán más positivos mirando al sur o al este. La luz solar los hace más entusiastas y conversadores.

9

El Color de su casa

El efecto poderoso que crean diferentes colores ha sido conocido por miles de años. Los primitivos usaban colores para desviar lo malo e incrementar la suerte y virilidad. Los antiguos Chinos los utilizaban como símbolos para representar las diferentes estaciones. El verde simboliza la madera y se relaciona con la primavera; el rojo equivale a fuego e indica verano; el amarillo y naranja representan el sol emanando su brillo caliente sobre la tierra, e indican el final del verano; el blanco simboliza el metal y representa el otoño; por último, está el agua, que simboliza agua y representa el invierno.

Los colores tienen efectos tanto positivos como negativos sobre nosotros. Faber Birren, un psicólogo del color, reportó que las personas normales tienden a encontrar cualidades favorables en diferentes colores, pero que los neuróticos son propensos a notar lo desfavorable.[1]

Todos reaccionamos ante el color, estemos o no conscientes de ello. Imagínese durmiendo en una alcoba roja y brillante o cocinando en una cocina negra azabache. Los colores suministran el tono emocional de la habitación. Algunos nos estimulan, otros nos molestan, incluso otros nos calman. Un experimento fue hecho hace algunos años cuando unos prisioneros violentos fueron encerrados en celdas pintadas de color rosa. Este color anuló la parte agresiva de ellos y los convirtió en prisioneros modelo. Como lo muestra este estudio, los colores pueden tener efectos dramáticos, así que debemos ser cuidadosos al escogerlos y al usarlos.

En el feng shui, controlan y refuerzan la luz reflejada. La combinación del color y luz debe proveer las mejores condiciones posibles para vivir. Lo ideal es elegir los colores en las mismas habitaciones, ya que suelen cambiar de tonalidad frente a diferentes tipos de iluminación. Por ejemplo, las luces fuertes, hacen ver los colores más vivos, mientras que las tenues producen el efecto opuesto.

Naturalmente, usted debería tener colores que se relacionen con los diferentes elementos de las personas que viven en su casa, pero no una variedad de ellos simplemente porque le gustan. Sin embargo, sea cuidadoso de no tener colores incompatibles. Por ejemplo, demasiado rojo no sería buena elección si usted pertenece al elemento agua, ya que este y el fuego no armonizan.

Escoja los colores del techo minuciosamente. Los claros son generalmente mejores que los oscuros. Un techo de tono oscuro le recuerda a los Chinos las gruesas nubes que hay arriba. Estos tejados también impiden que el ch'i suba. Por consiguiente, el ch'i no circula de la forma que debe hacerlo y su riqueza, salud y buena suerte pueden verse afectados.

Rojo

Significado: Energía, estímulo

El rojo es el color más fuerte de todos. Normalmente no se encuentra en la naturaleza, y cuando lo vemos, nos da un potente mensaje. En China, ha sido siempre considerado de alegría y prosperidad. Es un color que representa muy buen augurio. En el Oriente, las novias usan aún el rojo para atraer buena suerte del cielo, y huevos que han sido pintados de este color son distribuidos un mes después de haber nacido el bebé.

El rojo inspira, estimula y es dinámico. Puede dar una enorme confianza. Hace cerca de veinte años, una amiga mía fue nombrada administradora de un gran centro comercial, la primera mujer que se le asignaba tal cargo. Su elección fue controversial en ese tiempo, pero rápidamente probó que era la persona perfecta para dicho trabajo. Después de laborar unos meses, los propietarios del lugar le pidieron que diera una conferencia a los administradores de los demás centros comerciales y les dijera qué hacer para mejorar los resultados. Mi amiga se alarmó por la propuesta, ya que nunca habló en público y ahora se le solicitaba que orientara un grupo de personas que se habían opuesto rotundamente a su nombramiento. Yo le sugerí que usara algo de rojo para darle confianza. Se compró un traje rojo y zapatos que hacían juego con él, y dio un discurso dinámico que impresionó a todo el mundo. Ella nunca había usado este color antes, pero desde entonces lo hace frecuentemente. Hoy día, ella llama el rojo "el color del poder".

El rojo también puede ser el color del furor. Es apasionado y ardiente, y puede crear problemas cuando no se usa sabiamente.

El rojo se relaciona con el elemento fuego y debe ser usado en habitaciones que involucren actividad y excitación. Unos buenos ejemplos son un gimnasio casero o una sala de recreación. Dicho color incrementa la actividad física y la pasión. Sin embargo, puede inducir al insomnio cuando se usa en una alcoba.

Naranja

Significado: Aspiración, sociabilidad

Es un color social con un gran impulso y energía. Es levemente más reservado que el rojo, de naturaleza buena y simpático antes que apasionado. Se relaciona con el elemento tierra. Este color crea algunas de las excitaciones del rojo, pero es suavizado por el amarillo. Esto lo hace un tono útil en habitaciones donde la gente se reúne a dialogar. También es mentalmente estimulante y una buena elección para áreas de estudio.

Amarillo

Significado: Optimismo, positivismo

Es el color del Sol, que emana su poder de vida sobre todos nosotros. Es alegre y estimulante. Provee ánimo mental, por lo que es a menudo asociado con ganancia de sabiduría. Puede darle vida a la más oscura de las habitaciones. En la antigua China, fue considerado el color de la risa. Se relaciona con el elemento tierra.

El amarillo siempre se ha considerado como un estimulante para la mente, haciéndose útil en las habitaciones donde se realiza estudios o actividades creativas. Sin embargo, no exagere este color, ya que esto puede ocasionar dolores de cabeza. También realza el ambiente de una habitación y hace a las personas felices y divertidas, lo que lo convierte en una buena opción para los lugares destinados a entretenimiento.

Verde

Significado: Paz, tranquilidad

Está en la mitad del espectro de color y representa la naturaleza. Proporciona sentimientos de paz, armonía y tranquilidad. Alivia y restaura el alma. En la China, es considerado el color de la paz y la larga vida. También se relaciona con la primavera, con el nuevo comienzo y el crecimiento asociado a ella. Se asocia al elemento madera. Es tranquilo y pacífico, lo que lo hace un color ideal para cualquier habitación usada para dormir o relajarse, pues elimina tensiones y ansiedades.

Azul

Significado: Optimismo, seguridad

En la antigua China, este color simbolizaba las bendiciones del cielo. Es el color del cielo. Actualmente, se relaciona con el pensamiento, la constancia y la verdad. Es calmado, introspectivo y responsable. Se asocia al elemento agua.

El azul es tranquilo e interior. Podría ser una buena elección si usted tiene una habitación especial para meditar. Azules más oscuros, como el añil, ayudan a la espiritualidad e intuición.

Diferentes tonalidades de azul pueden ser efectivos en el cuarto de baño y el sanitario. Esto se debe a que se relaciona con el elemento agua. Un amigo mío tiene un baño bastante diferente donde ha incorporado varias intensidades de este color. Esto crea un efecto extremadamente poderoso.

Violeta

Significado: Espiritualidad, grandes ideales

Este color usa la energía del rojo, en combinación con el optimismo del azul, para así crear un color suave que evoca una sensación de maravilla. No es sorprendente que los obispos usen togas moradas, ya que el violeta se asocia fuertemente con el lado espiritual de la vida. Este color estimula la creatividad, idealismo y misticismo.

Puede dar inspiración y llenar la mente de sueños. No es una buena opción para habitaciones de entretenimiento, pero puede ser útil en las que se requieren concentración.

Oro

Significado: Dignidad, dinero

En el Imperio Chino, sólo el emperador y su familia podían usar togas de oro. Actualmente se cree que atrae el honor y la fama. El oro es positivo y optimista como el amarillo, pero se considera más dignificado. En el Oriente, a menudo se combina con el rojo para representar buena suerte y riqueza. Se relaciona con el elemento metal.

Blanco

Significado: Pureza, brillo

El blanco de un traje de novia representa pureza e inocencia. En las artes marciales, los que usan cinturón blanco son "inocentes", porque apenas empiezan. Blanco es básicamente la ausencia de color. Crea amor y representa mentes libres de inquietud. Es interesante anotar que en el Oriente se usa para los funerales. Si embargo, también se relaciona con luz, que atrae ch'i, algo muy deseable en el feng shui. Todo el tiempo: en esta zona del planeta, compensan este color con otro color "de vida". Se relaciona con el elemento metal.

Negro

Significado: Intensidad, formalidad, sofisticación

El negro absorbe todos los colores. Es el color de la noche. Es difícil relajarse en habitaciones pintadas de este color y el blanco. A veces es considerado triste, pero en realidad puede crear una aproximación dinámica y determinada para la solución de un problema. El negro se relaciona con el elemento agua. En Occidente, a menudo se considera negativo, incluso malo. Sin embargo, en el feng shui, se asocia con el dinero y por consiguiente es un color altamente positivo.

Debe estar seguro de sí mismo al usarlo como parte del sistema de colores en su casa. Blanco y negro hacen una combinación poderosa que usualmente funciona mejor en un ambiente de oficina que en una vivienda. Sin embargo, si desea hacer una declaración, el negro puede ser efectivo en la sala, pasillos y baños. Uselo con moderación para obtener el mejor efecto.

Todos los colores son yin o yang, y como usted sabe, somos felices al máximo cuando logramos un equilibrio de estos opuestos en nuestra casa. El rojo, naranja, amarillo y negro son yang, y el verde, azul y blanco son yin. El púrpura puede ser tanto yin como yang, dependiendo de la combinación del rojo y el azul. Si hay más rojo que azul, es yang; y al contrario, cuando es mayor el azul tenemos yin.

Los colores yin y yang pueden usarse para crear balance, pero idealmente deberían tener la misma fuerza.

Colores sensitivos

El negro y el rojo son los dos colores más sensitivos en el feng shui. Tradicionalmente, el negro debe usarse en entradas, puertas y paredes que miren al norte o al sur. El rojo no debe se utilizado en entradas, puertas y paredes que apunten al este u oeste. Se cree que la mala suerte viene a las habitaciones de las casas que rompan estas reglas.[2] Siempre debe usarse el blanco y el negro con mucha precaución.

Sugerencias

75. El color estimula y energiza el ch'i. Los colores vivos atraen ch'i y hacen el área más estimulante. El rojo en particular es útil, ya que siempre ha sido considerado el color de la buena suerte y la riqueza.

76. Evite usar demasiado el mismo color. Si el piso, el techo y las paredes son pintadas con un mismo color, el resultado puede ser finalmente deprimente.

77. El color energiza. Experimente colores excitantes y diferentes como el rojo, amarillo y púrpura, en el área de conversación.

78. Probando diferentes intensidades, purezas y brillos de colores, puede hacer que cada habitación se sienta perfecta para determinado propósito.

79. El uso ingenioso de la iluminación le ayudará a hacer el mejor sistema de colores. Ensaye una mezcla de luz suave y fuerte en cada habitación y observe el efecto que hace en usted y sus invitados.

80. **Personas del elemento Fuego:** La Madera se relaciona bien con el Fuego. Por consiguiente, el verde es un buen color para usted. Si embargo, el Agua destruye el Fuego. Esto significa que debe evitar el negro y el azul. La Tierra consume el Fuego. Evite el café y el amarillo.

81. **Personas del elemento Tierra:** El Fuego se asocia bien con la Tierra. De este modo, su color ideal es el rojo. Sin embargo, la Madera destruye la Tierra. Esto

significa que debe evitar el verde. El Metal drena la Tierra. Evite el blanco y el oro.

82. **Personas del elemento Metal:** La Tierra se relaciona bien con el Metal. Por consiguiente, beige, naranja y café son colores buenos para usted. Sin embargo, el Fuego destruye el Metal. Esto significa que debe evitar el rojo. El Agua drena el Metal. Evite el blanco y el azul.

83. **Personas del elemento Agua:** El Metal se asocia bien con el Agua. Por consiguiente, el blanco y el azul son colores convenientes para usted. Sin embargo, la Tierra destruye el Agua. Esto significa que debe evitar el naranja y café. La Madera consume el Agua. Evite el verde.

84. **Personas del elemento Madera:** El Agua se relaciona bien con la Madera. De este modo, el blanco y el azul son sus colores ideales. El Metal destruye la Madera. Esto significa que debería evitar el blanco y el oro. El Fuego consume la Madera. Evite el rojo.

10

Los Números en el feng shui

El feng shui comenzó con una tortuga arrastrándose fuera del río Amarillo hace cinco mil años. Las marcas en su caparazón formaron la base de esta práctica, del I Ching, y la astrología y numerología china. El cuadrado mágico sobre la espalda de la tortuga contenía todos los números de uno al nueve. Por consiguiente, los números han sido siempre parte integral del feng shui.

Cada número tiene un significado que puede considerarse de diferentes maneras. Si el número de su casa es el 2368, por ejemplo, cada uno de los dígitos puede ser mirado individualmente, o pueden ser sumados y reducidos a uno sólo. En Occidente, es norma para los numerólogos poner más atención al resultado final de sumar todos los dígitos y reducirlos a un sólo número. En el Oriente, es más común evaluar cada uno separadamente.

Los números se dividen en yin y yang. Los pares son yin y los impares yang. Los números yang se consideran más favorables que los yin, pero se requiere un balance entre ellos. Por consiguiente, es mejor que el número de su casa tenga ambos elementos, en lugar de ser todos yin o yang.

Puede haber notado que a los Asiáticos les gusta el número ocho. Esto es debido a que la palabra Cantonesa para "ocho" suena como "prosperidad". Además son adeptos al número dos ya que suena como "fácil". Sin embargo, no les gusta el número "Cuatro", pues suena como "muerte". Si el número de su vivienda es 24, ellos lo interpretan como "muerte fácil". Todo esto se debe a que los Chinos usan homófonos para ayudar a determinar el significado de los números. Esta es la razón por la que el número ocho es tan positivo y el cuatro tan negativo. Tradicionalmente, el número cuatro se relaciona con los rasgos positivos del amor, sexo y educación.[1] A continuación están las interpretaciones homofónicas para cada número:

Uno suena como "honor" y también como "ganancia".
Dos suena como "fácil".
Tres suena como "crecimiento".
Cuatro suena como "muerte".
Cinco suena como "nada".
Seis suena como "riqueza".
Siete suena como "seguro".
Ocho suena como "prosperidad".
Nueve suena como "larga vida".

Naturalmente los números de las viviendas tienen más de un número, y también son usados homófonos aquí. El número veintiocho, por ejemplo, suena como "dinero fácil". El cincuenta y ocho suena como "no riqueza". El cuarenta y ocho, aunque tiene el número cuatro, es de todos modos un buen número, ya que suena como "mucha riqueza". Usted supondría que el cuatro y el ocho representan "riqueza muerta", pero en realidad, es una combinación positiva. Esto se debe a que cuatro también indica trabajo duro. Por consiguiente, cuarenta y ocho significa "gran riqueza" a través de esfuerzo y firme trabajo.

Un amigo mío de Taiwan tiene el cuatro como número de su casa. El obtuvo el permiso para cambiarlo a 4B, e hizo ver la "B" como un ocho en la dirección. El me dijo que su fortuna mejoró tan pronto como realizó la modificación. Este amigo me habló de alguien que vivió en el número catorce e hizo lo mismo. "Catorce" suena como "muerte segura" en Cantones. No es de sorprenderse que ciertos números valgan bastante dinero como se observa en los números personalizados alrededor del mundo. En Hong Kong, el Departamento de Transporte empezó a subastar números de licencia de conducción de 1988. En el primer año, el número "8" se vendió por US$650.000, todo un record de acuerdo al libro Guinnes. El dinero de esta subasta es destinado a obras de caridad, y los propietarios de las licencias las mantienen hasta que mueran, cuando son subastadas de nuevo.

La licencia "2828", que significa "dinero fácil, dinero fácil" se vendió por más de US$63.000.[2] Si visita Hong Kong, vea si puede alojarse en la Habitación 2828 del veintiochoavo piso del hotel. Tendrá a la vista una gran lista de espera para reservarlo, pero su estadía será extremadamente placentera.

Las interpretaciones numerológicas estándar de cada número tienen poca relación con las homofónicas:

Uno representa independencia y talento.

Dos representa tacto, diplomacia y relaciones estrechas.

Tres representa creatividad y diversión en la vida.

Cuatro representa limitaciones, restricciones y progreso lento y uniforme.

Cinco representa viajes, cambio y variedad.

Seis representa servicio, hogar y responsabilidades familiares.

Siete representa análisis, espiritualidad y aumento de conocimiento y sabiduría.

Ocho representa dinero y poder.

Nueve representa amor y terminación.[3]

Si el número de su casa es 2457, por ejemplo, la vida en su casa sería discreta y amorosa (dos), pero también restringida en algunos aspectos (cuatro). Habría mucha variedad (cinco) y gradualmente usted crecería en sabiduría y conocimiento (siete). También puede totalizar los cuatro números y reducirlos a un sólo dígito. $2 + 4 + 5 + 7 = 18$, y $1 + 8 = 9$. Nueve es el número del amor y la terminación. Además representa buena suerte y futura prosperidad. Suena como si la vida en esta casa fuera agradable en su mayor parte, aunque pudiera sentirse cercado y restringido en ocasiones.

El número nueve también se relaciona con colores, elementos y direcciones, y puede ser usado para representar cualquiera de ellos cuando sea requerido. A continuación tenemos los números y colores que se asocian a cada elemento:

Dirección	Número	Color	Elemento
Norte	1	Azul, Negro	Agua
Sur	9	Rojo	Fuego
Este	3,4	Verde	Madera
Oeste	6,7	Blanco	Metal
Centro	2,5,8	Amarillo	Tierra

Si es deseado, esto puede tomarse adicionalmente para incluir todas las ocho direcciones además del centro:

Dirección	Número	Color	Triagrama	Elemento
Norte	1	Negro	K'an	Agua
Suroeste	2	Amarillo	K'un	Tierra
Este	3	Verde	Chen	Madera
Sureste	4	Verde	Sun	Madera
Centro	5	Amarillo	—	Tierra
Noroeste	6	Blanco	Chien	Metal
Oeste	7	Blanco	Tui	Metal
Noreste	8	Amarillo	Ken	Tierra
Sur	9	Rojo	Li	Fuego

Algunas autoridades en el tema sugieren que organice los números en su dirección residencial ascendentemente, para que esto estimule e incremente el ch'i. Es buena idea, excepto cuando el número final es cuatro. Al arreglar los números de esta manera se tiende a dar la mayor importancia al último dígito. Si este número en su casa es el cuatro, organice los números en línea recta para dar igual énfasis a todos.

Los números desempeñan un papel pequeño en el feng shui. Sin embargo, pueden marcar una gran diferencia acerca de qué tan fácil o difícil es vender una casa. Hace algunos años un urbanizador en la ciudad que yo vivía, construyó varias casas idénticas en una nueva subdivisión. La número ocho fue la primera que vendió y la cuatro fue la última. Más interesante aún es que, aunque las casas eran iguales, el urbanizador tuvo que vender la número cuatro a pérdida, simplemente por salir de ella. Las demás se vendieron a buenos precios.

Sugerencias

85. Si está escogiendo una casa nueva, trate de encontrar una con números yin y yang.

86. Arreglar los números en la placa de la dirección de tal forma que cada número sea situado un poco más alto que el anterior es buena idea, excepto cuando el dígito final es un cuatro.

11

Remedios del feng shui

Como se ha dado cuenta, hay un remedio en el feng shui para cualquier problema. Esto es muy bueno, porque todavía no he visto una casa perfecta desde el punto de vista del feng shui. En realidad, es imposible alcanzar la perfección.

Recientemente fui invitado a observar una casa que había sido diseñada de acuerdo al feng shui. Miraba hacia el sur y estaba frente a un farol rodeado por agua a los tres lados. La casa había sido construida para aprovechar las magníficas panorámicas del puerto y tenía grandes ventanas. El constructor estaba muy orgulloso de lo que había hecho y promocionó la propiedad dándola a conocer como un "feng shui perfecto". De hecho, para muchas personas sería perfecta. Sin embargo, no era la vivienda ideal para alguien que perteneciera al elemento Fuego. Había demasiada agua para personas de este tipo, y la luz constante del sol que atravesaba las enormes ventanas produciría demasiada estimulación mental.

Diferentes tipos de remedios

Hay tres tipos diferentes de remedios que pueden usarse. El primero involucra la canalización del ch'i para permitirle fluir suavemente por toda la casa. Esta clase de remedio actúa evitando y removiendo corotos para darle al ch'i suficiente espacio de circulación.

Podemos también usar la armonía y el equilibrio como forma de solucionar problemas. Por ejemplo, una lámpara en el jardín sirve simbólicamente para completar una casa en forma de "L". Haciendo esto, proveemos balance y corregimos algo que se ve incompleto.

Finalmente, la cura más común, es adicionar algo, tal como un espejo o un cristal para aliviar el problema. El color también puede ser usado en este tipo.

El remedio más usado involucra aumento de la cantidad de luz para atraer el ch'i. Esto puede hacerse por medio de espejos, cristales, candelabros e iluminación adicional. La luz es un buen remedio para esquinas olvidadas formadas por una habitación irregular. Los objetos que reflejan la luz también pueden utilizarse. Dentro de nuestra puerta principal tenemos una colección de materiales de vidrio y cristal usados para impulsar ch'i a nuestra casa. Todo el vidrio atrae y refleja la luz, aumentando el ch'i. También mantenemos prendidas las luces dentro de la puerta frontal casi todo el tiempo para atraer energía a través de lo que de otra forma sería una entrada oscura.

Los candelabros son excelentes para atraer ch'i y reflejarlo otra vez. Las áreas de la fama, matrimonio y conocimiento son enormemente beneficiosas cuando un candelabro es ubicado en cualquiera de ellas. Un candelabro en el centro de la casa (sector de la buena suerte) también es favorable para toda la casa.

Los espejos son posiblemente la cura más útil de todas en el feng shui. Pueden ser usados para simbólicamente remediar una habitación de forma irregular. Pueden desviar shars de regreso a donde se originaron. Los espejos que se ubican en intervalos a lo largo de una pared que avanza en un pasillo largo y derecho, desvían el ch'i y remedian los efectos negativos del shar. Pueden dar vida a cualquier área de su casa, restringida u oscura. También son capaces de atraer vistas exteriores agradables. Pueden hacer ver habitaciones pequeñas el doble de grande. Multiplican la cantidad de alimento sobre la mesa del comedor. Idealmente, los espejos deberán ser grandes. Los pequeños tienden simbólicamente a cortar la cabeza y los pies de las personas.

Los octagonales, en forma de pa-kua, son considerados extremadamente poderosos y efectivos. Esto se debe a que representan las ocho direcciones. La sala y el pasillo son buenos lugares para esta clase de espejos. Idealmente, deberían ser lo más grande posible.

Un sitio eficaz para un espejo es encima de una escalera, o sobre el rellano. En esta posición, detienen el ch'i para que no fluya hacia abajo de las escaleras demasiado rápido. Otra ventaja de un espejo en esta ubicación es que usted verá una cara amigable cada vez que suba o baje las escaleras. Sonría a todo momento, después de todo, una sonrisa crea ch'i bueno.

Los espejos, como cualquier otra cosa, trabajan óptimamente cuando son cuidados. Para obtener los mejores resultados, asegúrese que estén a todo momento limpios y libres de polvo.

Los recipientes brillantes, bandejas de plata y cualquier otra cosa que sea reflectiva sirve como espejo para propósitos del feng shui. A veces puede no querer colgar un espejo por alguna razón. Un conocido mío fue afectado por un shar que venía de la puerta de la casa de su vecino. Pensó que si colgaba un espejo pa-kua para enviar el shar de regreso, su vecino podría también colocar uno y así comenzar una "guerra de espejos". Finalmente solucionó el problema usando soportes de metal brillantes en una tubería al lado de la casa. Actuaron como un espejo escondido, enviando el shar a su sitio de origen, y su vecino no se dio cuenta.

La música y otros sonidos también pueden ser usados. Las campanas de viento son bastantes efectivas, ya que no solamente atraen el ch'i, sino que también se convierten en una afirmación cada vez que las oye. Los sonidos agradables que producen le recuerdan que el ch'i está fluyendo. Pueden ser metálicas, de madera o de cerámica. Las campanas de metal son muy útiles para activar las áreas de los niños, de la carrera y de los mentores. Campanas de bambú son especialmente efectivas en los sectores de la fama, la familia y la riqueza. Las metálicas no deben ser colgadas en la localización de la familia ni en el área de la riqueza ya que estos lugares representan los elementos Madera y Metal.

Las campanas de viento pueden ser usadas dentro o fuera de la casa. Cuando se ubican fuera de la puerta principal, doblan la cantidad de ch'i que está entrando. Esto es particularmente útil si esta puerta abre sobre el lado sombreado de la casa.

Incluso puede colocar campanas en áreas donde el viento nunca las moverá. Usted puede activarlas cada vez que pase. Cada vez que lo haga, el sonido placentero que se produce atraerá ch'i y prosperidad a su casa. Una vez visité una vivienda que tenía un gran xilófono adentro de la puerta frontal. Todo el que entraba a la casa era motivado a tocar unas pocas notas para crear, atraer y aumentar el ch'i.

Unos tíos míos usaban un gran gong chino bastante sonoro par llamar a la familia a la hora de comer. El sonido se transmitía por toda la casa atrayendo ch'i además de indicar el momento de ir a la mesa. Actualmente, en China, las personas pudientes mantienen gongs antiguos en contenedores de vidrio para simbolizar la preservación y perpetuación de la riqueza generación por generación. Por lo general se ubican en el comedor para representar abundancia de alimento.[1]

Tengo una serie de campanas en mi oficina. Los sonidos agradables que producen me mantienen con ánimo y muy feliz. Además me recuerdan que el ch'i está fluyendo y esparciéndose por toda la oficina. Las campanas son realmente un excelente remedio. Yo las he colgado para aumentar el ch'i, pero se cree que también son buenas para la salud de la personas.

Inclusive, el radio y la televisión crean y atraen ch'i con su luz y sonido. La voz humana puede también hacer lo mismo. Si tararea y canta alrededor de su casa, incrementará la cantidad de ch'i disponible para usted. Un niño tocando el piano o el violín también atraerá energía. Tuve que recordarle a una amiga esto, cuando se quejaba del estruendo que hacía su hijo practicando el tambor.

Los objetos vivos atraen ch'i. Las mascotas de la familia han resultado beneficiosas al reducir el cansancio y mantener a los ancianos vivos y saludables. Todos nos sentimos mejor cuando cuidamos algo vivo, ya sea una planta o un animal. Los animales domésticos también ayudan a circular la energía ch'i.

Los acuarios actúan como afirmaciones de riqueza y prosperidad y además atrae ch'i. En Hong Kong casi todos los apartamentos tienen uno, pues simbolizan una carrera exitosa y producen además abundancia de ch'i beneficioso, especialmente cuando el acuario es oxigenado.

Las plantas actúan de la misma forma como seres vivos. Una casa sin ellas se siente incompleta y tiende a separarnos de la naturaleza. Las plantas brindan bienvenida y dan vida a los espacios vacíos. Dentro de la casa simbolizan naturaleza, y por fuera atraen ch'i hacia ella. Las flores recientemente cortadas también atraen ch'i a la casa. Sin embargo, deben ser cuidadas; cuando están marchitas crean ch'i negativo. Desde el primer momento que luzcan en mal estado, deben ser atendidas o removidas. Las plantas artificiales funcionan de la misma forma que las reales, siempre que se mantengan limpias y cuidadas. Las flores secas crean ch'i negativo, ya que toda el agua ha sido removida. Ellas simbolizan muerte, por eso deben evitarse. Las flores vivas tienen un efecto grande y beneficioso en los sectores del matrimonio, de la familia y de los mentores. Las plantas que tienen espinas, como las rosas y el cacto, es mejor mantenerlas fuera de la casa para simbolizar protección. Una planta en una matera o una planta colgante pueden estimular el ch'i a cualquier área de la casa que desee activar.

Las plantas pueden ubicarse frente a shars potenciales, tales como esquinas que sobresalen y ángulos agudos de los muebles.

El agua en un acuario, una fuente o una piscina atraen y activan ch'i. La fuente con agua en movimiento también crea energía. Hoy día, es posible tener fuentes pequeñas en casa, decorativas y activadoras de ch'i.

Las estatuas o pinturas de animales pueden ser remedios útiles. Las estatuas de animales salvajes, tales como leones, afuera de su puerta principal sirven para proteger simbólicamente su casa. Las estatuas pesadas representan estabilidad y valor. Dentro de la casa, es usualmente mejor tener animales más pacíficos. Por ejemplo, una tortuga de cerámica es un adorno atractivo y además simboliza longevidad.

Los colores pueden ser usados como remedios para proveer elementos que faltan en diferentes partes de la casa. Los colores más claros pueden usarse para atraer luz a ciertos sectores de la vivienda. Cualquier color puede ser utilizado siempre que le guste a usted. Por ejemplo, el negro es normalmente considerado como negativo, sin embargo, se relaciona con el agua, la cual puede interpretarse como dinero. Por consiguiente úselo si siente que servirá para su propósito. Su elección de colores debe estar asociada con los elementos de los habitantes de la casa. Esto significa, que por ejemplo, el negro (que se relaciona con el agua) sería el peor color para alguien del elemento Fuego.

Las flautas de bambú son remedios excelentes, particularmente para contrarrestar el efecto de travesaños en el techo. También se cree que desvía a los ladrones y atraen buenos amigos. La flauta simboliza paz, tranquilidad y alegría. Por lo general se usan dos flautas unidas. Deben ser suspendidas en cintas rojas, con las boquillas mirando hacia abajo, para lograr óptimos resultados.

Sugerencias

87. No coloque un espejo opuesto a ninguna puerta. Esto detiene el ch'i que ha de entrar a la siguiente habitación y estimula el ch'i negativo.

88. Mantenga sus espejos limpios. El polvo y la suciedad reducen su efectividad.

89. No debe tener demasiados espejos en su casa, úselos con moderación en la alcoba o cualquier otra área que necesite tranquilidad.

90. Los espejos en el comedor doblan simbólicamente la cantidad de alimento en la mesa. Además duplican los sentimientos de bienestar y placer que usted y sus invitados experimentarán en esta habitación.

91. Un espejo grande y octagonal representa las ocho direcciones y es una poderosa fuerza de energía. Ubíquelo en la sala o en un pasillo.

92. Un espejo encima de la escalera o sobre el rellano evita que el ch'i fluya hacia abajo demasiado rápido.

Además significa que verá una cara agradable cada vez que suba las escaleras.

93. Use espejos pa-kua para enviar de regreso los shars originados fuera de la propiedad.

94. Las campanas y otros objetos que producen sonidos placenteros son remedios útiles. Son particularmente efectivos para aliviar ruidos tales como los producidos por unidades de aire acondicionado o refrigeradores.

95. Las lámparas de mesa y de puerta crean cómodos espacios de luz que pueden iluminar áreas oscuras y estimular más ch'i en sectores que necesitan ser activados.

96. Las plantas ayudan a circular el ch'i y pueden además ser usadas para tapar shars. Ellas adicionan color y crean armonía y felicidad.

97. El agua, particularmente en movimiento, atrae ch'i y dinero. Considere ubicar una pequeña fuente decorativa o un acuario en su localización de Riqueza.

98. Animales vivos ayudan a circular el ch'i. Además suministran amor y alegría, creando armonía y tranquilidad.

12

Conclusión

Ahora que ha leído este libro, encontrará ejemplos de feng shui bueno y malo dondequiera que vaya. Recientemente, mi esposa y yo atendimos la recepción de una boda en un hotel local. Me interesó encontrar una fuente fuera de la entrada principal, y un símbolo pa-kua creado en las baldosas que llevan a la entrada. Dos leones de piedra hacían guardia afuera de estas puertas. Cuando entramos, nos encontramos mirando un espejo grande y redondo con un marco de oro. Todas estas cosas no estaban en la última visita. Era sólo otra señal de que el feng shui ha crecido y está siendo aceptado en todo el mundo.

Hace cerca de diez años, un amigo mío que es urbanizador decidió usar los principios del feng shui en todos sus proyectos. Esto no fue debido a que creyera en el feng shui; lo hizo solamente porque pensó que podría ayudarlo a vender más propiedades a clientes asiáticos. Se sorprendió al encontrar que sus viviendas se vendieron mejor que nunca a personas de todas las nacionalidades y razas. Esto se debió a que sus construcciones eran armoniosas y se sentían agradables para los posibles compradores. Mi amigo no fue más escéptico, y la última vez que lo visité estaba alimentando ocho peces de colores y uno negro en su acuario. Esta combinación de peces significa "dinero, dinero, dinero, y protección". El agua en el acuario representa dinero. El dorado del pez de colores también simboliza dinero. Hay ocho peces y, como ya se sabe, este número significa dinero también. Finalmente, el pez negro está en el acuario para protección. Cuando un pez muere, es una señal de prevención de algún problema. En este caso, mi amigo lo reemplazará inmediatamente.

Si usted visitara mi casa, encontraría que la hemos hecho lo más cómoda posible usando las ideas explicadas en este libro. Nuestra vida familiar mejoró tan pronto como hicimos algunas modificaciones. Ahora, es el momento para que usted también haga los cambios respectivos. Empiece con una o dos pequeñas modificaciones en su casa. Espere una semana o dos para ver qué cambios nota, y luego efectúe otros ajustes. Durante un período de tiempo observará mejorar la calidad de su vida. Sus amigos comentarán lo cálida y amigable que es su casa. Incluso pueden mencionar los cambios positivos en usted y los miembros de su familia. Si le piden una explicación, cuénteles algo acerca del feng shui. Alcanzar armonía y equilibrio en su vida es algo fantástico, pero es un privilegio especial poder introducir esto a la vida de sus amigos.

En los sesentas, cuando me interesé por primera vez en el feng shui, era raro encontrar alguien más que supiera acerca de él. Actualmente, la mayoría de las personas han oído del feng shui, y muchos conocen algunos de sus principios básicos. Espero que usted continúe el estudio de este tema tan fascinante. Puedo desearle una vida llena de ch'i positivo y feng shui bueno.

Sugerencias

99. Empiece removiendo los corotos. Haga esto antes de usar cualquier otro remedio del feng shui.

100. Haga los cambios con calma y espere un tiempo para ver qué efectos causan. Sólo entonces efectúe nuevas modificaciones.

101. Disfrute los cambios que le brinda el feng shui a su vida. Mientras empieza una vida llena de alegría y abundancia, entenderá por qué el feng shui es a veces conocido como "el arte de la felicidad".

Apéndice 1

Elementos y símbolos
para los años 1900 a 2000

Elemento	Símbolo	Año
Metal	Rata	Ene. 31, 1900 a Feb. 18, 1901
Metal	Buey	Feb. 19, 1901 a Feb. 7, 1902
Agua	Tigre	Feb. 8, 1902 a Ene. 28, 1903
Agua	Conejo	Ene. 29, 1903 a Feb. 15, 1904
Madera	Dragón	Feb. 16, 1904 a Feb. 3, 1905
Madera	Serpiente	Feb. 4, 1905 a Ene. 24, 1906
Fuego	Caballo	Ene. 25, 1906 a Feb. 12, 1907
Fuego	Oveja	Feb. 13, 1907 a Feb. 1, 1908
Tierra	Mono	Feb. 2, 1908 a Ene. 21, 1909
Tierra	Gallo	Ene. 22, 1909 a Feb. 9, 1910
Metal	Perro	Feb. 10, 1910 a Ene. 29, 1911
Metal	Cerdo	Ene. 30 de 1911 a Feb. 17, 1912
Agua	Rata	Feb. 18, 1912 a Feb. 5, 1913
Agua	Buey	Feb. 6, 1913 a Ene. 25, 1914
Madera	Tigre	Ene. 26, 1914 a Feb. 13, 1915

Elemento	Símbolo	Año
Madera	Conejo	Feb. 14, 1915 a Feb. 2, 1916
Fuego	Dragón	Feb. 3, 1916 a Ene. 22, 1917
Fuego	Serpiente	Ene. 23, 1917 a Feb. 10, 1918
Tierra	Caballo	Feb. 11, 1918 a Ene. 31, 1919
Tierra	Oveja	Feb. 1, 1919 a Feb. 19, 1920
Metal	Mono	Feb. 20, 1920 a Feb. 7, 1921
Metal	Gallo	Feb. 8, 1921 a Ene. 27, 1922
Agua	Perro	Ene. 28, 1922 a Feb. 15, 1923
Agua	Cerdo	Feb. 16, 1923 a Feb. 4, 1924
Madera	Rata	Feb. 5, 1924 a Ene. 24, 1925
Madera	Buey	Ene. 25, 1925 a Feb. 12, 1926
Fuego	Tigre	Feb. 13, 1926 a Feb. 1, 1927
Fuego	Tigre	Feb. 2, 1927 a Ene. 22, 1928
Tierra	Dragón	Ene. 23, 1928 a Feb. 9, 1929
Tierra	Serpiente	Feb. 10, 1929 a Ene. 29, 1930
Metal	Caballo	Ene. 30, 1930 a Feb. 16, 1931
Metal	Oveja	Feb. 17, 1931 a Feb. 5, 1932
Agua	Mono	Feb. 6, 1932 a Ene. 25, 1933
Agua	Gallo	Eme. 26, 1933 a Feb. 13, 1934
Madera	Perro	Feb. 14, 1934 a Feb. 3, 1935
Madera	Cerdo	Feb. 4, 1935 a Ene. 23, 1936
Fuego	Rata	Ene. 24, 1936 a Feb. 10, 1937
Fuego	Buey	Feb. 11, 1937 a Ene. 30, 1938
Tierra	Tigre	Ene. 31, 1938 a Feb. 18, 1939
Tierra	Conejo	Feb. 19, 1939 a Feb. 7, 1940
Metal	Dragón	Feb. 8, 1940 a Ene. 26, 1941
Metal	Serpiente	Ene. 27, 1941 a Feb. 14, 1942
Agua	Caballo	Feb. 15, 1942 a Feb. 4, 1943
Agua	Oveja	Feb. 5, 1943 a Ene. 24, 1944
Madera	Burro	Ene. 25, 1944 a Feb. 12, 1945

Elemento	Símbolo	Año
Madera	Gallo	Feb. 13, 1945 a Feb. 1, 1946
Fuego	Perro	Feb. 2, 1946 a Ene. 21, 1947
Fuego	Cerdo	Ene. 22, 1947 a Feb. 9, 1948
Tierra	Rata	Feb. 10, 1948 a Ene. 28, 1949
Tierra	Buey	Ene. 29, 1949 a Feb. 16, 1950
Metal	Tigre	Feb. 17, 1950 a Feb. 5, 1951
Metal	Conejo	Feb. 6, 1951 a Ene. 26, 1952
Agua	Dragón	Ene. 27, 1952 a Feb. 13, 1953
Agua	Serpiente	Feb. 14, 1953 a Feb. 2, 1954
Madera	Caballo	Feb. 3, 1954 a Ene. 23, 1955
Madera	Oveja	Ene. 24, 1955 a Feb. 11, 1956
Fuego	Mono	Feb. 12, 1956 a Ene. 30, 1957
Fuego	Gallo	Ene. 31, 1957 a Feb. 17, 1958
Tierra	Perro	Feb. 18, 1958 a Feb. 7, 1959
Tierra	Cerdo	Feb. 8, 1959 a Ene. 27, 1960
Metal	Rata	Ene. 28, 1960 a Feb. 14, 1961
Metal	Buey	Feb. 15, 1961 a Feb. 4, 1962
Agua	Tigre	Feb. 5, 1962 a Ene. 24, 1963
Agua	Conejo	Ene. 25, 1963 a Feb. 12, 1964
Madera	Dragón	Feb. 13, 1964 a Feb. 1, 1965
Madera	Serpiente	Feb. 2, 1965 Ene. 20, 1966
Fuego	Caballo	Ene. 21, 1966 a Feb. 8, 1967
Fuego	Oveja	Feb. 9, 1967 a Ene. 29, 1968
Tierra	Mono	Ene. 30, 1968 a Feb. 16, 1969
Tierra	Gallo	Feb. 17, 1969 a Feb. 5, 1970
Metal	Perro	Feb. 6, 1970 a Ene. 25, 1971
Metal	Cerdo	Ene. 26, 1971 a Ene. 15, 1972
Agua	Rata	Ene. 16, 1972 a Feb. 2, 1973
Agua	Buey	Feb. 3, 1973 a Ene. 22, 1974
Madera	Tigre	Ene. 23, 1974 a Feb. 10, 1975

Elemento	Símbolo	Año
Madera	Conejo	Feb. 11, 1975 a Ene. 30, 1976
Fuego	Dragón	Ene. 31, 1976 a Feb. 17, 1977
Fuego	Serpiente	Feb. 18, 1977 a Feb. 6, 1978
Tierra	Caballo	Feb. 7, 1978 a Ene. 27, 1979
Tierra	Oveja	Ene. 28, 1979 a Feb. 15, 1980
Metal	Mono	Feb. 16, 1980 a Feb. 4, 1981
Metal	Gallo	Feb. 5, 1981 a Ene. 24, 1982
Agua	Perro	Ene. 25, 1982 a Feb. 12, 1983
Agua	Cerdo	Feb. 13, 1983 a Feb. 1, 1984
Madera	Rata	Feb. 2, 1984 a Feb. 19, 1985
Madera	Buey	Feb. 20, 1985 a Feb. 8, 1986
Fuego	Tigre	Feb. 9, 1986 a Ene. 28, 1987
Fuego	Conejo	Ene. 29, 1987 a Feb. 16, 1988
Tierra	Dragón	Feb. 17, 1988 a Feb. 5, 1989
Tierra	Serpiente	Feb. 6, 1989 a Ene. 26, 1990
Metal	Caballo	Ene. 27, 1990 a Feb. 14, 1991
Metal	Oveja	Feb. 15, 1991 a Feb. 3, 1992
Agua	Mono	Feb. 4, 1992 a Ene. 22, 1993
Agua	Gallo	Ene. 23, 1993 a Feb. 9, 1994
Madera	Perro	Feb. 10, 1994 a Ene. 30, 1995
Madera	Cerdo	Ene. 31, 1995 a Feb. 18, 1996
Fuego	Rata	Feb. 19, 1996 a Feb. 6, 1997
Fuego	Buey	Feb. 7, 1997 a Ene. 27, 1998
Tierra	Tigre	Ene. 28, 1998 a Feb. 15, 1999
Tierra	Conejo	Feb. 16, 1999 a Feb. 4, 2000
Metal	Dragón	Feb. 5, 2000

Triagrama personal para el año de nacimiento

Chien

Masculino: 1913, 1922, 1931, 1940, 1949, 1958, 1967, 1976, 1985, 1994

Femenino: 1919, 1928, 1937, 1946, 1955, 1964, 1973, 1982, 1991

Tui

Masculino: 1912, 1921, 1930, 1939, 1948, 1957, 1966, 1975, 1984, 1993

Femenino: 1911, 1920, 1929, 1938, 1947, 1956, 1965, 1974, 1983, 1992

Li

Masculino: 1910, 1919, 1928, 1937, 1946, 1955, 1964, 1973, 1982, 1991

Femenino: 1913, 1922, 1931, 1930, 1949, 1958, 1967, 1976, 1985, 1994

Chen

Masculino: 1916, 1925, 1934, 1943, 1952, 1961, 1970, 1979, 1988, 1997

Femenino: 1916, 1925, 1934, 1943, 1952, 1961, 1970, 1979, 1988, 1997

Sun

Masculino: 1915, 1924, 1933, 1942, 1951, 1960, 1969, 1978, 1987, 1996

Femenino: 1917, 1926, 1935, 1944, 1953, 1962, 1971, 1980, 1989, 1998

K'an

Masculino: 1918, 1927, 1936, 1945, 1954, 1963, ,1972, 1981, 1990, 1999

Femenino: 1914, 1923, 1932, 1941, 1950, 1959, 1968, 1977, 1986, 1995

Ken

Masculino: 1911, 1920, 1929, 1938, 1947, 1956, 1965, 1974, 1983, 1992

Femenino: 1918, 1921, 1927, 1930, 1936, 1939, 1945, 1948, 1954, 1957, 1963, 1966, 1972, 1975, 1981, 1984, 1990, 1993, 1999

K'un

Masculino: 1914, 1917, 1923, 1926, 1932, 1935, 1941, 1944, 1950, 1953, 1959, 1962, 1968, 1971, 1977, 1980, 1986, 1989

Femenino: 1915, 1924, 1933, 1942, 1951, 1960, 1969, 1978, 1987, 1996

Notas

Introducción

1. Master Lam Kam Chuen, *Feng Shui Handbook* (London: Gaia Books Limited, 1996. New York: Henry Holt and Company, 1996), página 60.

1—El Feng Shui en el Hogar

1. Una gran colección de opuestos yin y yang puede ser encontrada en *The Key to it All, Book One: The Eastern Mysteries* por David Allen Hulse (St. Paul: Llewellyn Publications, 1993), páginas 350-351.

2—Evaluando su Casa

1. El I Ching puede reclamar ser el libro más antiguo del mundo. El concepto de yin y yang data de cinco mil años. Yin era relacionado con una línea fraccionada y yang con una línea recta continua. Hay cuatro posi-

bles combinaciones de ellas. Adicionando otra línea se pudo duplicar esto y crear ocho triagramas, que son los que usamos en el feng shui. En el I Ching, se ubican dos triagramas, uno encima de otro, para así crear 64 hexagramas.

9—El Color de su Casa

1. Faber Birren, *Color in Your World* (edición revisada Collier Books, New York, 1978. Originalmente publicado por Macmillan Publishing Company, Inc., New York, 1962), página 10.

2. Albert Low, *Feng Shui: The Way to Harmony* (Malaysia: Pelanduk Publications, 1993), página 67.

10—Los Números en el Feng Shui

1. Richard Webster, *Feng Shui for Beginners* (St. Paul: Llewellyn Publications, 1998), página 77.

2. "Avoiding Bad Luck." Artículo en el *Miami Herald*, Miami, Junio 27, 1997.

3. Para información adicional sobre el significado de los números, vea *Chinese Numerology: The Way to Prosperity and Wisdom* por Richard Webster (St. Paul: Llewellyn Publications, 1998) y *Talisman Magic* por Richard Webster (St. Paul: Llewellyn Publications, 1995).

11—Remedios del Feng Shui

1. Lillian Too, *Feng Shui* (Malaysia: Konsep Lagenda Sdn Bhd.), página 159.

Glosario

Ch'i–Es la fuerza universal de la vida que se encuentra en cada ser viviente. En el feng shui a menudo se refiere al "aliento del dragón". Es activado en la casa para dar a sus ocupantes salud, felicidad y prosperidad.

Cinco elementos–Los antiguos Chinos creían que todo estaba creado con base en cinco elementos básicos: Madera, Fuego, Tierra, Metal y Agua. Cada uno tiene sus diferentes características y sus diversas combinaciones y son una parte importante en el feng shui. La astrología China también usa los cinco elementos y cree que todos tenemos la mayoría, o todos ellos en nuestro ser.

Cuadrado mágico–Un cuadrado mágico consiste de una serie de números organizados en una cuadrícula donde todas las filas horizontales, verticales y diagonales dan el mismo resultado al ser sumadas. Fue el cuadrado mágico encontrado en las marcas de una tortuga que significó el nacimiento del feng shui, el I Ching y la astrología y numerología china.

Escuela de Forma–Es la forma original del feng shui. Mira la geografía del terreno o entorno y evalúa la calidad y cantidad de energía ch'i disponible.

Escuela de la Brújula–Hay dos escuelas importantes de feng shui. La Escuela de la Brújula usa la fecha de nacimiento de las personas y una brújula para determinar las mejores casas y localizaciones para vivir.

Feng Shui–Literalmente significa "viento y agua". Es el arte de vivir en armonía con el planeta. Si lo realizamos, viviremos llenos de felicidad, tranquilidad y abundancia. Ha sido practicado en el Lejano Oriente por cerca de cinco mil años. Ahora se ha esparcido alrededor del mundo y es más popular que nunca.

Pa-kua–Es frecuentemente visto colgando en la entrada de las casas Chinas como protección. Es de forma octagonal y usualmente tiene un símbolo yin-yang o un espejo en el centro. Alrededor de él se localizan los ocho triagramas del I Ching.

Remedios–Los remedios, o curas, son los diferentes métodos usados para eliminar el efecto de los shars o desequilibrios en los cinco elementos. Un ceto o una cerca que pueden ser usados para bloquear un shar causado por una calle que apunta directamente hacia su puerta principal, serían considerados remedios.

Shars–A menudo conocidos como "flechas venenosas", son energías negativas que viajan en línea recta. Un pasillo largo y recto de una casa sería un shar, como lo sería también el ángulo formado por la esquina de una casa vecina que apunta directamente a su casa. Hay remedios disponibles para casi todos los shars posibles.

Triagramas–Hay ocho posibles combinaciones de líneas rectas y fraccionadas que pueden ser creadas a partir de tres líneas. Las líneas recta son conocidas como yang y representan energía masculina. Las líneas fraccionadas son yin y se relacionan con energía femenina. Los ocho triagramas formados de esta manera, representan los ocho diferentes puntos de la brújula, y describen los tipos de casas que miran estas direcciones.

Yin y yang–Representan lo opuesto en la filosofía Taoista. Como ejemplos tenemos el frente y el respaldo, la noche y el día y femenino y masculino. Yang es masculino y yin es femenino. Ninguno puede existir sin el otro. Originalmente, yin y yang se referían a los dos lados de una montaña. Yin representaba el lado Norte y oscuro, y yang describía el lado Sur y soleado.

Bibliografía

Chuen, Master Lam Kam. *Feng Shui Handbook*. London: Gaia Books Limited, 1996 and New York: Henry Holt and Company, 1996.

Lagatree, Karen M. *Feng Shui: Arranging Your Home to Change Your Life*. New York: Villard Books, 1996.

Lin, Jami. *Contemporary Earth Design: A Feng Shui Anthology*. Miami: Earth Design Incorporated, 1997.

Rossbach, Sarah. *Feng Shui: The Chinese Art of Placement*. New York: E. P. Dutton, 1983.

———. *Interior Design with Feng Shui*. New York: E. P. Dutton, 1987.

Simons, T. Raphael. *Feng Shui Step by Step*. New York: Crown Trade Paperbacks, 1996.

Thompson, Angel. *Feng Shui: How to Achieve the Most Harmonious Arrangement of Your Home and Office*. New York: St. Martin's Griffin, 1996.

Too, Lillian. *Feng Shui*. Malaysia: Konsep Lagenda Sdn Bhd., 1993.

Webster, Richard. *Feng Shui for Beginners*. St. Paul, MN: Llewellyn Publications, 1997.

Wong, Eva. *Feng-Shui: The Ancient Wisdom of Harmonious Living for Modern Times*. Boston: Shambhala Publications, Inc., 1996.

Índice

La año la alicia

El arte del Feng Shui

K397–2 • $7.95

K569–X • $7.95

K785–4 • $7.95

1800–843–6666

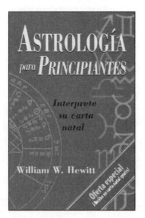

Adivinación

K882-6 • $7.95

K397-2 • $12.95

K041-8 • $9.95

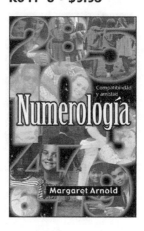

1800-843-6666

K399-9 • $12.95

Tarot

K402-2 • $12.95

K842-7 • $32.95

1800-843-6666

Aromaterapia

K066-3 • $12.95

K289-5 • $9.95

K238-0 • $9.95

1800-843-6666

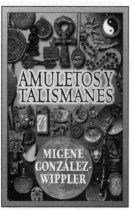

K269–0 • $14.95

Magia y
Religión

K268–2 • $16.95

K335–2 • $12.95

1800–843–6666

Metafísica y Parapsicología

K331–X • $6.95

K881–8 • $7.95

K395–6 • $14.95

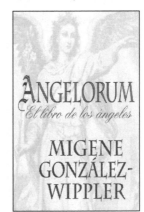

1800–843–6666

Superación Personal

K114-9 • $12.95

K301-8 • $7.95

K450-2 • $8.95

1 800-843-6666

MANTENGASE EN CONTACTO...
¡Llewellyn Español publica cientos de libros de sus temas favoritos!

Las páginas anteriores muestran algunos de los libros disponibles en temas relacionados. En su librería local podrá encontrar todos estos títulos y muchos más. Lo invitamos a que nos visite a través del Internet.

www.llewellynespanol.com

Ordenes por Teléfono	• Mencione este número al hacer su pedido: **K810-9** • Llame gratis en los Estados Unidos y Canadá, al Tel 1-800-THE-MOON. En Minnesota, al (651) 291-1970 • Aceptamos tarjetas de crédito: VISA, MasterCard, y American Express.

Correo & Transporte	• $4 por órdenes menores a $15.00 • $5 por órdenes mayores a $15.00 • No se cobra por órdenes mayores a $100.00

En **U.S.A.** los envíos se hacen a través de UPS. No se hacen envíos a Oficinas Postales. Ordenes enviadas a **Alaska, Hawai, Canadá, México y Puerto Rico** se harán en correo de 1ª clase.

Ordenes Internacionales: Correo aéreo, agregue el precio igual de c/libro al total del valor ordenado, más $5.00 por cada artículo diferente a libros (audiotapes, etc.). Terrestre, agregue $1.00 por artículo.

4-6 semanas para la entrega de cualquier artículo. Las tarifas de correo pueden cambiar

Rebajas	• 20% de descuento a grupos de estudio. Deberá ordenar por lo menos cinco copias del mismo libro para obtener el descuento.

Catálogo Gratis
Ordene una copia de *Llewellyn Español* con información detallada de todos los libros en español actualmente en circulación y por publicarse. Se la enviaremos a vuelta de correo.

Llewellyn Español
P.O. Box 64383, Dept. K810-9
Saint Paul, MN 55164-0383

1-800-843-6666